KB267041

정부를 움직이는
여성의 힘,
왜 적은가

정부를 움직이는 여성의 힘, 왜 적은가

- 공무원의 인식을 중심으로 -

문미경 지음

한국학술정보(주)

목 차

V

결론 및 시사점 ▌99

서 론

제 1 장

제1절 문제제기 및 연구목적

인류 역사에 있어서 여성지위의 신장을 위한 노력은 지난 몇 세기에 걸쳐 꾸준히 추진되어 왔다. 특히 뉴욕타임지 매거진이 1999년 5월 「밀레니엄 특집」에서 "여성지위의 변화야말로 지난 밀레니엄의 가장 심오한 혁명"이라고 표현할 만큼 20세기에는 여성지위가 크게 신장되었으며, 그 결과 우먼파워라는 용어에 무감각해질 정도로 각국 여성들의 사회진출은 폭넓고 자연스러운 현상이 되었다.[1] 이러한 세계적 추세에 맞춰 국가 발전에 있어 여성인력의 중요성을 인식하기 시작한 우리 정부도 그 활용을 위한 다양한 제도적·정책적 방안을 적극 모색하였다. 특히 공직사회에서 여성참여를 확대시키고 성차별이 없는 고용평등을 실현하기 위한 조치로서 1987년 남녀고용평등법

---

1) 조선일보, 2000년 2월 23일.

제정, 1991년 남녀차별채용제도 폐지, 1996년 여성채용목표제 신설, 1998년 여성특별위원회 신설, 1999년 군가산점제도의 폐지와 정부위원회 30% 여성할당 등의 정책을 추진하여 왔다.

그 결과 정부 내에서의 여성공무원의 수는 지속적으로 확대되었다. 1991년 국가 및 지방 공무원 임용관련법령의 개정에 의해 여성채용 10%상한제가 폐지되면서 공채시험에서 합격한 여성들의 비율이 늘어났으며, 1988년 정무 제2장관실의 발족 후 여성정책을 활성화하고 관리직 여성의 진출을 늘리기 위한 적극적인 조치로 1989년 전국 시·도 가정복지국장이 전원 여성으로 임명되었다. 1991년에는 전국 시·군에 가정복지과를 설치하여 과장을 여성으로 임명케 함으로써 관리직 여성공무원의 숫자를 늘리는 데 큰 기여를 했다. 1992년에는 13개 시·도 여성회관장 직급을 지방 5급에서 지방 4급으로 상향 조정함으로써 획기적으로 여성의 관리직 진출을 증대시켰다. 또한 1996년부터는 여성의 대표성 제고를 위하여 여성공무원 채용목표제를 5급과 7급에 대해 시행하고 있으며, 이로 인해 관리직으로의 진출이 가능한 여성공무원의 수는 계속 증가할 것이다.

그러나 1999년도의 유엔인간개발보고서에 의하면, 교육성취도 등을 지표로 한 인간개발지수(HDI: Human Development Index)[2)]에서 우리나라는 174개국 중 30위, 교육성취 면에서의 성차를 지표로 한 남녀평등지수(GDI: Genderrelated Development Index)[3)]에서는 174개국 중 30위로 비교적 상위권에 속하였으나, 여성의 의회 진출과 행정관리직에의 참여도 등을 지표로 한 여성권한신장지수(GEM: Gender Empowerment Measure)[4)]에서는 104개국 중 78위로 하위권에 머물렀다.

---

2) HDI(Human Development Index)는 기대수명, 교육성취도(문맹률과 취학률), 생활수준(GDP per capita)을 지표로 사용하여 산출한 것이다.
3) GDI(Genderrelated Development Index)는 HDI와 같은 지표를 사용하되 남녀 간의 성차를 반영하여 산출한 것이다.
4) GEM(Gender Empowerment Measure)은 정치와 경제활동(행정관리직 및 전문기

　전체 공직에서 관리직 여성이 차지하는 수적 비율, 즉 관리직 여성 공무원의 대표성은 다음의 몇 가지 측면에서 중요성을 지닌다. 첫째, 공직 내에 관리직 여성이 많다는 것은 정부의 인사정책이 남녀평등을 기초로 하고 있다는 점에서 국민에게 신뢰를 줄 수 있다. 뿐만 아니라 정부의 이러한 정책은 민간 부문에서의 여성의 관리직 진출을 권장하는 하나의 지표가 되기도 한다. 둘째, 관리직 여성공무원의 높은 대표성은 하위직 여성공무원의 승진을 향한 자기개발 및 근무 의욕을 향상시킬 수 있으며, 나아가서는 젊고 유능한 여성의 공직 진출에 대한 강력한 인센티브로 작용할 것이다. 셋째, 관리직 여성공무원의 대표성은 국가의 정책결정과도 직·간접적인 연관성을 지니고 있다. 미국의 경우 소수인종이나 여성들이 관료제 전체로서는 어느 정도 대표성을 확보하였음에도 불구하고 여전히 정책결정과 직접적으로 연결되는 관리직에는 그렇지 못하다는 비판이 제기되어 왔다.5)

　유엔은 1980년대 초부터 세계 각국에 정치, 행정 등 모든 분야에서 여성의 대표성이 30%는 되어야 한다고 권고해 왔다. 이 30%는 임계질량(critical mass), 즉 어느 조직에서 소수가 다수에게 영향력을 미칠 수 있는 힘이 작동할 수 있는 최소한의 숫자를 의미한다. 따라서 이 임계질량이 형성될 때까지는 할당제와 같은 잠정적 우대조치를 실시하여 줄 필요가 있고, 그 이후에는 여성들 스스로 평등한 참여를 이루어 낼 힘을 만들 수 있다는 것이다.

　그런데 우리나라의 경우를 보면, 6급 이하의 여성공무원은 전체 공무원의 4분의 1을 넘어선 반면 5급 이상 관리직 여성공무원은 불과

　　술직)부문에 참여하고 있는 남성과 여성의 비율을 지표로 하여 산출한 것이다. GEM의 수치가 낮다는 것은 국가가 정치·경제적 기회를 여성에게 확대하기 위해서는 국민의 기본적 능력함양을 위해 지금까지 노력한 것 이상으로 더욱 큰 노력이 필요하다는 것을 나타낸다.
5) 이은재, 1995, "여성공무원의 실태변화", 대한지방행정공제회 「지방행정」. Vol.44 No.502, 70쪽.

3% 미만으로 상당히 대표성이 미흡한 편이다. 이와 같은 관리직 여성공무원의 과소대표성은 정책결정 과정에서 여성들의 욕구와 정책적 우선순위를 대변할 수 없다는 문제를 안고 있다. 즉 주요 정책에 있어서 여성의 입장이 제대로 고려되지 못함으로써 여성의 요구에 대응적인 정책을 형성할 수 없게 되는 것이다. 또한 남성중심적 정책결정 메커니즘이 계속 유지됨으로써 국가 전체적으로 성중립적인 정책결정이 이루어지지 않는 악순환이 계속 되풀이될 수도 있다. 뿐만 아니라 중하위직 여성공무원은 낮은 승진가능성으로 인해 자기개발을 위한 동기부여를 제공받지 못하고 있으며, 유능한 여성이 공직에 진출하는 데에도 하나의 장애물로 작용하고 있다.

이렇게 볼 때 관리직 여성공무원의 과소대표성을 낳는 요인을 규명하고, 이를 통해 대표성 향상을 위한 정책적 방안을 모색하는 것은 의미 있는 작업일 것이다. 그럼에도 불구하고 본 주제와 관련된 기존 연구들은 관리직 여성공무원의 실태를 소개하거나 이와 연관된 인사관리상의 요인들을 단순 기술·지적하는 데 그치고 있다. 또한 후자의 경우에는 몇몇 제한된 변수를 통해 설명하고 있어 포괄적인 성격을 띠지 못하고 있으며, 변수들 간의 상대적 중요성에 대한 검토 역시 이루어지지 않고 있다.

따라서 본 연구는 우리나라 관리직 여성공무원의 과소대표성에 영향을 미치는 다양한 원인을 체계적으로 분석하고, 이를 토대로 관리직 여성공무원의 대표성 제고를 위한 인사정책적 대안을 모색하는 데 기본 목적이 있다. 그 내용을 보다 구체적으로 설명하면 다음과 같다. 우선 이론적 배경으로서 대표관료제론을 고찰하고, 우리나라에서의 여성공무원에 관한 선행 연구들의 경향과 한계를 고찰한다. 또한 현재 관리직 여성공무원의 대표성 정도를 직급별, 기관별 등의 기준을 통해 살펴보고, 대표성 정도에 영향을 미치는 개인적, 사회문화적 및 제도적 요인을 실증적으로 분석한다. 마지막으로 연구결과를 요약하고, 이것이 지닌 이론적 및 정책적 시사점을 논의한다.

본 연구의 의의는 먼저 현재까지 관리직 국가공무원의 여성 대표성에 영향을 미치는 원인에 대한 체계적인 분석, 특히 변수 간의 상대적 중요성을 파악한 연구가 거의 없었다는 점에서 찾을 수 있다. 여기서 제시된 분석틀은 본 주제에 대한 후속 연구를 활성화하여 이론적 일반화에 부분적으로나마 기여할 수 있을 것이다. 그리고 정책적으로는 분석결과에서 나타난 관리직 여성공무원의 대표성 결정요인 및 문제점을 토대로 대표성 제고를 위한 실효성 있는 정책방안을 마련할 수 있다는 점에 의의가 있다. 특히 관리직 여성공무원의 대표성 확보는 사회 진출을 희망하는 여성들에게 비전을 제시할 수 있는 역할모델을 할 수 있고, 공직 진출을 희망하는 여성들에게 자신의 능력과 자질을 충분히 실현시킬 수 있는 공직에의 동기부여를 강화시키는 데 긍정적으로 작용할 것이다. 또한 국가는 능력 있는 여성인력을 위한 고용여건을 마련해 주어야 하는 고용주로서의 의무를 지고 있다. 국가의 이러한 의무 이행은 민간 부문의 고용현장에서 여성근로자에게 불리하게 이루어지는 인사관리적 요소를 완화하고 억제하는 데 커다란 파급효과를 가져올 수도 있다. 또한 여성인력의 적극 활용은 국가 전체의 인력관리상의 효율성을 제고하는 데에도 긍정적일 것이다.

제2절 연구대상 및 방법

본 연구의 대상 및 방법과 관련된 주요 특징은 다음과 같다. 첫째, 본 연구에서는 논의와 실증적 조사의 초점을 우리나라 관리직 여성공무원의 소극적 대표성에 두고자 한다. 소극적 대표성은 공직사회 내 관료들의 사회경제적 출신 분포와 연관된 개념으로서 전체 조직구성원 중 관리직 여성공무원이 포함되어 있는 수적 비율을 통해 파악될 수 있다. 그런데 연구범위를 소극적 대표성으로 한정한 데에는 두 가지 이유가 있다. 하나는 현재의 한국적 상황을 감안할 때 관리직 여성공무원의 소극적 대표성 문제는 그 자체만으로 큰 의미를 지니기 때문이다. 다른 하나는 적극적 대표성 개념이 그 중요성에도 불구하고 하나의 연구에서 같이 다루어지기에는 범위가 너무 포괄적이기 때문이다. 또한 이는 관료의 가치나 태도가 행위로 표출되는 점을 강조하는 것이므로 실제 그러한 인과관계를 분석하는 데에는 많은 제약조건들이 존재한다.

둘째, 7급 이상의 중앙부처 남녀공무원을 대상으로 설문조사를 실시하여 5급 이상 현재 관리직 여성공무원의 대표성 정도와 이에 영향을 미치는 원인을 파악한다. 관리직 여성공무원의 대표성에 영향을 미치는 요인을 분석하기 위해 주관적 인식에 초점을 두고 있다. 그 이유는 두 가지 측면에서 설명될 수 있다, 하나는 객관적 측정치(objective measures)를 활용하는 것이 바람직함에도 불구하고 현실적으로 이를 통해 연구를 수행하기가 쉽지 않기 때문이다. 예를 들어, 대표성의 객관적 자료는 분석수준을 조직에 맞출 때 가능하지만 이 경우 조직단위의 사회문화적 요인과 같은 독립변수들을 측정하기가 어렵게 된다. 다른 하나는 주관적 인식이 갖는 상대적 장점 때문이다. 주관적 인식이란 개인이나 집단이 현 상황에 대해 주관적인 관점에서 느끼는 경우이다.[6] 본 연구에서는 현재 관리직 여성공무원의 대표성을 공무원들 자신이 주관적으로 어느 정도라고 인식하는가를 통해 측정하고자 하는데, 이는 대표성 정도의 인식이 공직 내의 차별문제와

---

6) Hopkins, A. H., 1980, "Perceptions of Employment Discrimination in the Public Sector", *Public Administration Review*, Vol.40 No.1, p.131.

깊은 관련이 있기 때문이다. 차별의 경우 객관적 상황 못지않게 당사자의 인식 여부가 상당히 중요하다. 실제의 차별 정도가 약함에도 불구하고 어느 한 공무원이 차별을 크게 의식한다면, 이는 그 사람의 동기부여에 큰 영향을 미치게 된다. 마찬가지로 관리직 여성공무원의 대표성에 대해서도 객관적 수치와는 달리 인식할 수 있으며, 그러한 인식이, 예를 들면, 한 여성공무원의 승진에 대한 인센티브나 노력을 결정할 수 있는 것이다.

연구방법은 대표관료제에 관한 이론적 부분은 문헌연구를 통하여 이루어졌으며, 여성공무원들의 실태 분석은 행정자치부가 5년 주기로 발간하는 「공무원통계」와 「행정자치부연보」 및 정부의 각종 통계연감, 한국여성개발원의 「여성연구」 및 여성단체에서 발간하는 보고서와 연구논문 등을 활용하였다. 이러한 문헌자료는 현재 관리직 여성공무원의 대표성 실태를 파악하는 데 유용하다. 또한 현재 관리직 여성공무원의 대표성에 영향을 미치는 원인을 분석하기 위하여 중앙부처 공무원들 316명에게 설문조사를 실시하였다. 설문결과의 분석은 SPSS for WINDOWS 8.0을 이용한 빈도분석, 분산분석(analysis of variance: ANOVA), 다중회귀분석(multiregression analysis) 등의 통계기법을 활용하였다.

끝으로 본 연구의 구성은 다음과 같다. 제1장은 서론으로 문제제기 및 연구목적, 연구내용과 방법에 대해 언급한다. 제2장은 대표관료제에 대한 이론적 검토 부분이다. 대표관료제의 의의, 대표관료제와 적극적 고용조치(affirmative action) 그리고 한국정부에서의 대표관료제의 적용가능성을 살펴본다. 아울러 본 주제와 관련된 국내 문헌 연구의 경향과 한계를 다룬다. 제3장에서는 분석틀 및 방법을 제시한다. 이를 위해 먼저 관리직 여성공무원의 대표성 정도를 보다 체계적으로 알아본다. 전체 여성공무원 현황 그리고 행정부 여성공무원 직급별 현황, 관리직 여성공직자 국제비교 등을 알아본다. 이어서 분석틀에 포함되는 변수들을 설정하고 그 측정수단을 모색하는 동시에 사용되는 분석방법을 제시한다. 제4장에서는 관리직 여성공무원의 대표성에 영향을 미치는 다양한 요인에 대해 분석한다. 사용된 독립변수는 먼저 개인적 요인, 사회문화적 요인, 제도적 요인으로 크게 구분된다. 그리고 개인적 요인은 다시 연령, 성별, 직급, 학력을 사회문화적 요인은 성역할에 대한 인식, 성별 직무수행 능력, 여성인력에 대한 조직풍토, 업무의 적합성을, 제도적 요인으로는 군가산점제도, 여성채용목표제, 보직배치, 근무성적평정 및 교육훈련을 각각 포함한다. 제6장은 결론으로서 요약과 더불어 분석결과의 이론적·정책적 시사점에 대해 논의한다.

이론적 논의

제Ⅱ장

제1절 대표관료제의 의의

1. 대표관료제의 개념

대표관료제는 20세기 초 행정 권력에 대한 내적 통제와 사회적 형평성에 대한 관심이 고조되면서 인사행정에서 중요한 부분으로 부각되었다. 대표관료제의 기본적인 전제는 관료와 시민 사이의 사회·경제적 배경의 일치가 정책의 대응성(responsiveness)을 높일 수 있다는 데 있다.

대표관료제(Representative Bureaucracy)란 한 나라에 있는 모든 경제적 계급, 신분, 지역, 종교 등의 측면에서 인구에 비례하여 수적으로 대표하는 공무원제를 의미한다.[7] 다시 말해서, 대표관료제란 모든 사회집단들이 한 나라의 인구 전체 안에서 차지하는 수적 비율에 맞게 관료조직의 직위들을 차지해야 한다는 원리가 적용되는 관료제이다. 따라서 대표관료제는 인구구성 면이나 정책지향 면에서 사회 전체의 축도(cross-section)를 포용하는 것이다. 즉 사회세력 전체의 축소판과 같은 형태가 대표관료제이다.[8]

대표관료제에서 강조하는 대표성은 정치체제가 어떻게 운영되어야 하는가와 공공조직이 어떻게 시민과 연계되어야 하는지에 대한 함의를 갖는 개념이다. 대표관료제를 이해하기 위해서는 먼저 대표성에 대한 의미를 명확히 해야 할 필요가 있다. 대표자(a representative)는 피대표집단을 위해 활동하는 사람이고, 대표성(representation)은 대표자들이 피대표자나 피대표집단의 이익을 옹호하는 행위로 해석될 수 있다.[9] 그러므로 대표관료제란 민주적 가치를 정부관료제에 접목시키고 국민의 정치적 대표과정을 강화시키기 위해서 그리고 비혜택 집단의 고용기회 확대를 위해서 개발된 것이다. 또한 이것은 정부관료제의 직위에 대한 임용의 기회를 형평성 있게 보장하려는 인사행정상의 전략으로서, 여기에는 적극적으로 기회균등을 보장하려는 노력과 과거로부터의 차별적 폐해를 제거하려는 노력이 함께 포함된 개념이라고 하겠다.

대표관료제를 주장한 주요 학자들의 견해를 살펴보면 다음과 같다. Kingsley는 1944년 영국 관료제의 분석을 통해 대표관료제를 "사회 내의 중요한 세력들을 반영하는 관료제"라고 정의하였다.[10] 그는 사회계급을 반영하는 대표성의 제고에 관심을 가졌으며, 관료조직하에

---

7) Subramanian, V., 1967, "Representative Bureaucracy: A Reassessment", *American Political Science Review*, Vol.61, p.1010.

8) 오석홍, 1993, "미국의 대표관료제: 정부관료제의 대표성 제고를 위한 노력", 「한국행정학보」, 제27권 제2호, 324쪽.

9) Nigro, F. A. & Nigro, L. G., 1981, *The New Public Administration*, 2nd ed. Itasca, IL: Peacock, p.228.

10) Kingsley, D. J., 1944, *Representative Bureaucracy: An Interpretation of the British Civil Service*, Yellow Springs: The Antioch Press, p.2.

서의 권력은 그 사회의 지배적인 세력을 대표하는 관료에게 위임되어야 한다고 주장하였다. 또한 관료제의 대표적 성격을 공공목적에 대하여 전반적인 책임을 진다는 의미에서 파악하고 있는데, 대표관료제가 책임 있는 관료제라고 함은 모든 사회집단과 집단성원들의 이익과 요구에 반응하는 것을 의미한다.[11]

그는 20세기 초에 들어서면서 행정부 우위현상으로 인한 행정관료의 실권 장악과[12] 이러한 상황 속에서 외부 통제에 대한 대안적 수단, 즉 내적 통제장치로서 적극적 대표관료제의 필요성을 제기하였다.[13] 그리고 정부관료제가 사적인 특수 목적을 추구하는 것을 저지시키기 위해서 영국 관료계급들이 사회의 적극적인 대표자일 것을 강조하면서 사회적 배경 그 자체가 태도나 행동을 결정하는 것이며, 태도 그 자체가 바로 행동을 유발시킨다고 주장하였다.[14]

Mosher는 Kingsley가 주장하는 대표관료제론이 분석적이지 못하다고 비판하면서 대표성의 개념을 소극적(passive) 대표성과 적극적(positive) 대표성으로 구분하여 파악하였다.[15] 그의 대표관료제 연구는 관료제와 국민 사이의 사회경제적 성격이 서로 일치하면 할수록 정책의 대응성이 높아진다는 것을 기본 전제로 하여 배경적 대표성이 태도적 대표성으로 이어지며 이는 다시 실질적 대표성을 낳는다고 본다. 그는 태도가 곧 행위를 결정짓는다고 보고 태도적 대표성을 적극적 대표성에 포함시켰다.

한편, 1960년대 말부터 미국에서 전개된 정치적·경제적·사회적

---

11) 김흥기, 1980, 「행정국가와 관료제」, 서울: 서광사, 141쪽.
12) Kingsley, D. J., *op.cit.*, p.264.
13) 박경효, 1993, "한국관료제의 지역대표성 제고를 위한 정책방향", 「한국행정학보」, 제27권 제3호, 706쪽.4646
14) 강길봉, 1995, 「대표성 관료제의 적실성에 관한 연구 ─한국정치문화와 행정문화 주요 정향을 중심으로─」, 단국대 대학원 박사학위논문, 46쪽.
15) Mosher, F. C., 1968, *Democracy and the Public Service*, N.Y.: Oxford University Press, pp.11─12.

변동은 인사행정의 담당자로 하여금 소수민족과 여성 고용 및 경력발전을 위한 장애요인들을 제거하도록 상당한 압력요인으로 작용하여 왔다. 이러한 요구는 1970년대에 들어와 구체화되어 고용기회평등이 주요한 문제로 대두되어 제도적 개혁으로서 고용기회균등법(EEO: Equal Employment Opportunity Act)과 적극적 고용조치법(Affirmative Action Act)이 제정되었는바[16) 이러한 일련의 인사정책에 부응하는 한 대안으로서 Nigro & Nigro도 대표관료제에 관한 이론적 정리를 시도하였다.[17) 이들 학자는 공무원의 사회·경제적 배경과 그들의 정치적 행태와는 어떤 상관관계가 있는가, 소수민족이나 여성공무원이 자기의 소속 집단의 요구와 이익에 대응적인가, 대표관료제가 민주적 제도와 가치들을 지지하는가라는 세 가지 문제를 제기하고 소극적 대표성과 적극적 대표성으로 의미를 나누어 설명을 하고 있다. 실질적으로 대표성 측정의 변수로는 개인의 사회·경제적·인종적 및 성별에 크게 의존한다. 소극적·적극적 대표성의 개념은 이러한 변수들이 공직 이전에 습득하는 사회화 경험의 내용이 되며, 이는 공직 이후의 개인의 가치와 태도를 결정짓는 규범적 지표가 된다고 가정한다. 이들 학자는 공직 이전에 형성된 가치관과 물질적 이해관계는 공직 이후 관료세계에서 생활하는 사람들의 행동에 영향을 미치게 된다고 주장하였다. 그들도 또한 소극적 대표성과 적극적 대표성을 구분하여 설명하고 있다.

Mosher와 Nigro & Nigro 및 그 외 주요 학자들이 주장하고 있는 적극적 대표성과 소극적 대표성을 나누어 살펴보면 다음과 같다.

---

16) 안병만, 1981, "공무원의 정치적 중립: 재평가", 「한국행정학보」, 제15권, 15쪽.
17) Nigro, F. A. & Nigro, L. G., 1981, *op.cit.*, p.179.

(1) 소극적 대표성

Mosher가 주장하는 소극적 대표성(passive representation)은 사회의 경제적, 사회적 계층, 지역 혹은 종교적 인구분포 등이 전체 인구에서 차지하는 비율대로 행정 관료조직에 대표되는 것을 의미한다.[18] 이를 테면 한 국가 사회 내에는 다양한 사회계층이 존재하는데 각각의 사회계층이 국가 내에서 차지하는 인구 구성의 비율만큼 관료제 내에서 비슷한 구성비율을 갖고 있어야 한다는 논리이다. 이러한 비례적 및 사회학적 대표성은 기회의 균등에 대한 민주적 가치의 상징이 되기도 하는 것이다.[19] 그는 소극적 대표성이 일반 대중의 욕구에 반응적인 정책을 유도해 낼 수 있는 사회적 규범과 이익에 관한 정보를 제공하고 민주적 가치인 고용기회의 형평성에 대한 상징적인 확신을 가져다 준다[20]고 믿었기 때문에 소극적 대표성을 옹호하였다.

Nigro & Nigro가 주장하는 소극적 대표성은 관료가 단순히 정책결정을 위한 사회 정보를 권위 있는 정책결정자에게 전달하여 그로 하여금 결정에 참고토록 하는 데 중점을 두고 있다. 소극적 대표성을 주장하는 학자들은 대표관료제의 기능을 입법부에서의 표상대표성(standing for)과 유사하다고 본다.[21] 관료제 내에서 관료들은 그가 속한 집단의 이익에 대해 서로 정보를 제공하면서 그들의 입장을 상징화시킨다. 이러한 상징화는 이론적으로나마 행정 권력의 남용을 제한하고 기존 실적제에 크게 영향을 미치지 않으며 관료제가 정치화에

---

18) Subramaniam, V., 1967, *op.cit.*, p.1010.
19) 조선일, 1985, 「한국대표관료제의 분석」, 건국대 대학원 박사학위논문, 17쪽.
20) *Ibid.*, p.13.
21) Van Riper, 1958, *op.cit.*, p.251.; Mosher, 1968, *op.cit.*, p.13.; Meier, K. J. & Nigro, L. G., 1976, "Representative Bureaucracy and Policy Preference: A Study of the Attitudes of Federal Executive", *Public Administration Review*, 36, p.458 − 469; 박승용, 1994, "관료제의 책임성 확보방안에 관한 연구", 「중앙 행정 논집」, Vol.8, 중앙대학교 부설 행정문제연구소, 273 −275쪽에서 재인용.

덜 휘말리게 된다는 점을 강조하였다.

소극적 대표관료제를 주장하고 있는 학자들은 현대 행정국가로 인한 거대 관료제의 출현과 행정 권력과 재량권의 팽창으로 인해 관료제에 대한 대응성과 책임성을 요구하게 되었고 이러한 요구를 충족시키기 위해 인구통계학적 관점에서 관료제를 더 대응적으로 만들어야 한다고 주장하고 있다.[22]

(2) 적극적 대표성

Mosher는 관료의 사회적 배경에 대한 특성들이 관료의 임용 전 사회적 특성이나 임용 후 가치성향과 태도를 나타내는 주요 지표라고 전제하는 점에서는 적극적 대표성과 소극적 대표성은 유사하나, 전자는 관료의 태도가 정책결과에 영향을 주는 개념이라는 면에서 차이가 있다. 그의 적극적 대표성(active representation)은 관료들의 사회적 배경과 행정행위 사이의 상호 연관성을 전제로 하고 있다. 즉 행정관료는 자신과 사회적 특성이 같은 집단의 이익을 정책수행 과정에서 옹호하고 대변한다는 것이다. 따라서 적극적 대표성은 임용 이전의 사회화 과정에서 획득한 관료의 태도와 공식적 역할자로서의 관료의 실제 행동 간의 연관성에 대한 질적·상대적 정도에 의해 분석될 수 있다.[23] 그러나 그는 적극적 대표성이 실적제를 전복시키고 관료제를 공공연하게 정치화하기 쉽다는 이유에서 소극적 대표성의 의미를 바람직한 것으로 보고 있다.[24] 한편 Nigro & Nigro는 적극적 대표성은 관료가 자신이 선호한 정책을 옹호하며 다른 주장을 하는 관료들과

---

22) Long, N. E., 1952, *Ibid.*, p.37.; Van Riper, P. P., 1958, *History of the U.S. Civil Service*. New York, N.Y.: Harper and Row.; Kingsley, D. J., 1944, *op.cit.*, p.8.; 오석홍, 1993, 앞의 글, 324-327쪽에서 재인용.
23) 강길봉, 1995, 앞의 글, 24쪽.
24) Mosher, 1968, *op.cit.*, pp.12-13.

타협하고 협상하면서 정책결정에 이르는, 즉 태도가 옹호관련 행태를 유도한다는 점에 중점을 두었다.[25]

Thompson, Meier, Kranz 등은 적극적 대표성이 서로 경쟁관계에 있는 이익을 위해 적극적으로 견제하고 제약하는 기능을 수행하기 때문에 한 집단에 의한 정책 지배현상은 발생하지 않을 것이라고 믿었다.[26] 그 결과 타협과 협상을 통해 모든 사람들이 받아들일 수 있는 정책이 산출되며, 정책결정에 관한 책임성은 선거와 같은 외부적 장치에 의해 성취되는 것이 아니라 관료들이 그들 출신 집단의 가치를 반영하여야 한다고 심리적으로 책임감을 느낄 때 성취되는 것이라고 하였다. 이러한 의견을 따르고 있는 Krislov는 적극적 대표성의 중요한 기능을 (1) 공공기관 내에서의 균등한 의견제시의 기회와 (2) 정책결정 시 상충된 이익들을 고려하여 타협하고 협상하면서 정책을 산출해 내는 것이라고 보았다.[27]

또한 Long도 대표관료제는 사회적 출신 배경과 경제적 계층에 따른 다양한 사람들로 구성되기 때문에 의회와 집행부에 의해 고려되지 못한 여러 가지 정당한 이익들을 위해 적극적으로 활동하고 의회와 집행부보다 적극적으로 대표될 수 있다고 주장하였다.[28]

일반적으로 학자들은 대표관료제가 태도와 이익의 내적 다양성을

---

25) Nigro & Nigro, 1981, *op.cit.*, pp.232 −234.

26) Tompson, F. J., 1978, "Types of representative bureaucracy and their linkage: The case of ethnicity", In Golembiewski, R. T., & Gibson, F. J., eds. *Readings in Public Administration.* 4th ed. Boston: Houghton Mifflin Co.; Meier, K. J. & England, R. E., 1984, "Black representation and educational policy: Are they related?", *American Political Science Review,* 78.; Kranz, H., 1976, *The Participatory bureaucracy: Women and minorities in a more epresentative public service,* Lexington, MA: Lexington Books.

27) Krislov, S., 1967, *The Nigro in Federal employment: The quest for equal opportunity,* Minneapolis: University of Minnesota Press.

28) Long, N. E., 1952, "Bureaucracy and Constitutionalism", *American Political Science Review,* Vol.46 No.3, p.808.

갖게 되면 일반 국민에 대해 더 대응적으로 될 것이라는 전제를 받아들이고 있다. 하지만 책임성과 대응성을 확보할 수 있는 대표성의 내용에 대해서는 의견의 불일치가 존재한다. 어떤 학자들은 소극적 대표성만으로 충분하다고 보는 반면 다른 학자들은 적극적 대표성이 전제되어야 한다고 주장한다.

2. 대표관료제의 한계

정책결정을 하는 관료들이 일반 대중의 가치나 태도와 유사한 태도를 유지한다면 정책은 대중들의 욕구에 더 대응적으로 될 것이다. 그렇다면 관료와 일반 대중 사이의 태도나 가치의 유사성은 어떻게 이루어지는 것일까? 태도는 사회화의 산물이기 때문에, 만약 관료의 사회화 경험이 일반 대중의 사회화 경험과 유사하다면 양자의 태도는 유사하게 되고 그들의 사회화 경험을 유사하게 만드는 방법은 관료제 내에 각계각층의 사람을 채용하는 것이다. 그리고 관료들의 사회적 출신배경이 일반 대중의 사회적 출신배경을 반영한다면, 관료와 일반 대중의 사회화 경험과 태도는 유사하고 그러한 상태에서 만들어진 정책은 대중의 욕구에 더 대응적이라고 볼 수 있다.

그러나 행정관료의 사회적 배경과 관료조직 내에서 그들의 행위와의 상호 연관성에 많은 이의가 제기되고 있고, 이는 곧 대표관료제의 현실성에 대한 의문으로 발전하고 있다. 이와 같은 문제제기는 다음 몇 가지로 정리해 볼 수 있다. 첫째, 행정관료 개개인의 사회적 출신배경이 관료조직 내에서의 성향과 태도에 영향을 주지 않는다는 것이다. Winn과 Saltzstein의 연구처럼 예외가 없는 것은 아니나 전반적으로 볼 때 대부분의 행정관료의 조직 내 성향과 태도는 훈련, 경험, 충원 후의 사회화 등에 의해서 결정된다. 사회화는 생애 전반에 걸쳐 일어나는 과정으로서 관료제 내에서의 경험도 그 이전의 것 못지않게 중요하기 때문에 관료들의 사회경제적 배경이 그들의 가치를 결정짓는다는 가정은 재검토될 필요가 있다. 특히 관리직 관료들의 경우 그들의 신분이 상승함에 따라 비슷한 배경을 가진 다른 사람들에 비해 가치나 태도에 있어 차이를 보일 가능성이 높다. 실제 연방정부의 고위공무원을 대상으로 한 경험적 조사는 그들의 정책선호가 사회적 배경보다는 기관 내의 사회화에 의해 보다 큰 영향을 받았음을 보여주기도 하였다.[29] 둘째, 태도적 대표성과 실질적 대표성 사이의 상관관계도 의문시되고 있다. 관료조직에 대한 충성과 대표하는 집단에 대한 충성 사이에서 일어나는 상충적 딜레마 때문에 대표관료제의 실현성에 의문을 제기할 수 있고[30] 관료들의 태도가 바로 행동으로 나타난다고 볼 수 없다.[31] 예를 들면, 소수집단 출신의 관료가 그 집단에 대해 동정적인 태도를 지닌다고 하여도 다수집단 출신들의 견제에 의해 행동화되지 않을 수도 있다. 셋째는 대표관료제 옹호자들은 전체적 비율의 측면에서 관료제의 대표성을 강조한다는 점이다. 그러나 정책결정은 전체 관료제 직급 수준에서 이루어지는 것이 아니라 관리직에 있는 관료나 부처 수준에서 정책결정이 이루어지는 것이다. 그렇기 때문에 특정집단 출신이 전체적으로는 대표성을 지녔다 하더라도 주로 하위직에 집중되어 있다면 그 집단의 이익을 대변하기란 사실상 어렵게 된다.[32]

이상에서 볼 수 있듯이, 대표관료제는 현실적인 적용에 어려움이

---

29) Meier & Nigro, *op.cit.*, p.460.
30) Romzek, B. S. & Hendricks, S., 1982, "Organizational Involvement and Representative Bureaucracy: Can We have It Both Ways", *American Journal of Sociology*, Vol.83 No.1, p.103.
31) Meier & Nigro, *op.cit.*, pp.458-469.
32) 박경효, 박천오, 1996, 「한국관료제의 이해」, 서울: 법문사, 172-173쪽.

있다. 관료들이 그들과 출신배경이 같은 집단을 위한 정책을 옹호하지 않으며 그가 속한 기관의 가치를 더 높이 평가하여 관료가 기관 속에 사회화됨으로써 사회적 출신배경과 다른 태도를 취하게 되기 때문이다. 이러한 현상은 관료의 출신배경과 정책 사이의 약한 연계를 나타내어 대표관료제에 실효성에 의문을 제기하는 것이다.

3. 대표관료제의 정당성

그렇다면 대표관료제는 민주주의 사회에서 큰 의미가 없는 것인가? 여기서 대표관료제가 극복해야 할 현실적인 문제가 적지 않음을 부인할 수 없지만, 대표관료제가 다원적 민주사회에서 결코 간과할 수 없는 많은 의미를 지니고 있다는 주장 또한 적지 않다.

여러 학자들이 주장한 대표관료제에 대한 정당성들을 종합하여 요약해 살펴보면 다음과 같다. 첫째, 대표관료제는 상징적인 의미를 갖는다. 즉 대표관료제가 개념적, 경험적으로 미흡한 것은 사실이지만, 그것이 국민에 대해 대응적이라는 느낌을 주며, 국민들로 하여금 국가가 정의롭고 이성적이며 민주적이라는 확신을 갖게 한다.[33] 둘째, 대표관료제에서는 정부관료제의 통합성과 사회적 형평성이라는 가치를 경제성이나 효율성보다 중시함으로써 소수집단의 소외현상이나 그로 인한 사회적 갈등과 반사회적 행위를 감소시키고 사회의 안정과 화합을 실현시킬 수 있다.[34] 셋째, 대표관료제는 외부 통제장치의 역할이 제한적인 현대정부의 관료제에 대해 내적 통제를 강화하는 역할을 한다.

---

33) Kelso, W., 1983, "Search for a Justifiable Defense of Affirmative Action", In
    S. W. Hays, S. W. & Kearney, R. C., eds, *Public Personnel Administration,*
    Englewood Cliffs, New Jersey.: Prentice−Hall Inc, pp.246−261.
34) Kranz, H., 1976, *op.cit.,* pp.110−116.

이는 관료들이 사회화의 과정을 통해 자기 출신 집단의 가치와 이익에 대한 심리적 책임을 지려 하기 때문이다.[35] 넷째, 대표관료제는 인사상 그동안 소외되었던 소수인종이나 여성들에게 실질적인 고용기회를 부여하며, 유능한 소수집단에게 공직 진출에 대한 강한 동기부여를 제공한다는 장점도 있다. 다섯째, 대표관료제는 모든 정책적 이슈에 있어서 출신 집단의 이익을 대표하지 못한다 하더라도, 정책과정에서 소수집단의 영향력과 참여 정도를 향상시키며, 최소한 다수집단의 일방적 권한행사를 견제하는 역할을 하기 때문에, 소극적 대표성은 그 자체만으로도 나름대로의 의미가 있다. 여섯째, 정부관료제의 대표성과 관료제의 책임성에 관한 문제에 있어서도, 관료가 배경집단의 이익을 위해 일한다면 전체적 결과로서의 정책은 모든 집단의 이익에 기여하게 될 것이다. 설혹 행정관료가 특정 집단을 옹호하지는 않는다 하더라도 최소한 전체적인 정책결과는 모든 국민과 집단의 이익 및 욕구를 위하여 봉사하게 되리라는 점에서[36] 대표관료제가 관료제의 책임성 강화에 기여하리라 본다. 일곱째, 대표관료제는 사회의 여러 광범한 스펙트럼을 포괄하고 있기 때문에, 이를 통한다면 전체 국민의 모든 욕구와 필요가 이해되고 고려될 수 있다. 그 결과로서 대표관료제는 국민에게 정책결정의 결과에 승복하게 하는 이점이 있을 뿐만 아니라 사회 전체 내에 존재하는 긴장과 갈등을 조정할 수 있다.

　요약하면, 대표관료제의 옹호론자들은 대표관료제가 지닌 상징적 의미, 사회적 형평성이라는 가치의 중시, 내부통제의 강화, 인사상 실질적인 기회균등의 확보, 일방적 권한행상에 대한 견제, 전체 국민의 이익과 욕구에 봉사, 사회 내 긴장과 갈등의 조정가능성 등을 그 정당성의 근거로 제시하고 있다.

---

35) 오석홍, 앞의 글, 326쪽.
36) Larson, A. D., 1973, "Representative Bureaucracy and Admistration Responsibility", *Midwest Review of Public Administration,* Vol.7, p.81.

제2절 대표관료제와 적극적 고용조치

대표관료제가 이론적으로 한계를 드러냈음에도 불구하고 정치적, 경제적 그리고 사회적 이유 때문에 정당화될 수 있다고 하였다. 그것은 소수인종, 여성, 관료조직 그리고 정부체제에 이로운 영향력을 가질 수 있기 때문이다.[37) 사회 각 분야로부터 채용된 관료들이 다양한 집단을 대표할 수 있기 위해서는 동등한 고용기회를 가질 수 있어야 한다. 동등한 고용기회는 실적제의 기본적인 요소이기도 하지만 대표관료제를 주장할 수 있는 요소이기도 하다.[38) 즉 실적제는 개인이 지닌 능력을 바탕으로 고용기회를 가질 수 있다는 면에서, 대표관료제는 고용에 따른 자격제한을 벗어나 실질적인 기회를 부여할 수 있다는 면에서 서로 상충되지 않는다.

그러나 동등한 기회를 제공하는 것만으로 소수인종이나 여성에게 적극적으로 고용기회를 보장한다고 할 수 없다. 법을 통한 단순한 문호개방은 그들에게 행해져 왔던 뚜렷한 차별행위를 금지시킨다는 정도의 의미만 있을 뿐이다. 미국의 경우 오랜 기간 동안의 차별과 편견으로 인해 소수집단과 여성들은 정부가 요구하는 자격요건을 미처 구비하지 못하였으며, 임용수단 역시 다수집단에 유리하게끔 만들어져 있었기 때문이다. 따라서 고용에의 인종차별을 없애기 위해 동등한 기회를 부여하는 것만으로는 충분한 성과를 거들 수 없다는 판단 하에 1960년대에 적극적 고용조치(affirmative action)를 취하였다.[39)

---

37) Kranz, H., 1976, *op.cit.*, pp.110-116.

38) 실적주의는 개인을 기준으로 한 응시기회의 균등을 강조하고 대표관료제는 집단을 기준으로 한 고용결과의 균등을 강조하여 엄격하게는 서로 상충되는 면도 있지만 본 연구에서는 고용기회를 부여한다는 면에서 서로 상충되지 않는 것으로 보았다.

39) Hays, S. W. & Reeves, T. Z., 1984, *personnel management in the public*

이에 따라 많은 공공부문을 중심으로 고용할당제를 채택, 여성을 포함하는 소수인종에 대한 차별을 없애려고 노력하여 왔다. 적극적 고용조치는 인종차별이 없는 실적 위주의 차원에서 고용인들을 구성해야 한다는 주장 대신에 인종이나 성과 같은 귀속적인 기준에 의한 고용프로그램을 인정한다. 동등고용기회위원회는 적극적 고용조치를 동등한 기회에 관한 선언에서 수적 대표성 또는 비율(quota)에 관한 선언으로 변형시켰다.[40)]

결국 적극적 고용조치는 유능한 소수인종이나 여성을 찾기 위한 하나의 과정인 것이다. 아울러 소수인종이나 여성이 직무내용과 직종분리에 의해 차별되지 않을 것을 요구한다. 남성에게는 혼인을 문제 삼지 않으면서도 기혼 여성에게는 혼인을 문제 삼는 것을 금지한다든가, 체포기록이 직무와는 무관한 가난한 가정환경의 결과일 때에도 자동적으로 공직 지원자를 탈락시키는 것을 금지한다든가 하는 것을 들 수 있다.[41)] 적극적 조치의 궁극적 목표는 소외된 계층으로 하여금 동등한 직무기회를 갖도록 하는 것과 그들의 이익에 직접적인 영향을 미치는 정책 분야와 기관 내에서 중대한 발언권을 보장하려는 데 있다.[42)] 이는 단순히 차별을 하지 않는다거나 기회균등을 천명하는 차원을 넘어서 차별적 인사제도의 전면적 검토 및 개편, 나아가서는 소수집단에 대한 인사상의 특혜 부여 등과 같은 적극적인 성격을 띤다.[43)]

---

sector, Newton, Mass.: Allyn and Bacon, Inc., p.79.
40) Thomas, S. 1980, *Knowledge and Decision,* New York: Basic Books, p.250.
41) Bureau of Intergovernmental Personnel Programs, U.S. Civil Service Commision, 1972, *Equal Employment in State and Local Governments: A Guide for Affirmative Action,* Washington D.C.: U.S. Government Printing Office.; 백완기, 1993, 「관료제」, 서울: 박영사, 170쪽에서 재인용.
42) Nigro, L. G., 1974, "A Mini-Symposium: Affirmative Action Public employment", *Public Administration Review,* No.34, pp.234-246.
43) 박경효, 박천오, 앞의 글, 175쪽.

적극적 고용조치에 대한 하나의 전략으로 상향이동(upward mobility)의 개념을 들 수 있다. 비록 여성과 소수인종이 정치적으로 정부에 관여하게 되었다고 할지라도 그들은 대부분 낮은 지위, 비정책결정 직위인 하위직에 머물러 있기 때문이다. 따라서 고위층 수준에서의 미국 관료제는 실제로는 대표성을 갖지 못하며, 여전히 백인남성 중심의 관료제인 것이다. 상향이동(upward mobility)은 낮은 직위의 공무원을 훈련시켜 보다 큰 책임성을 가진 직위에 배치시키거나, 정책결정에 참여할 수 있는 권한을 부여함으로써 실질적인 대표성을 확보하도록 정부가 적극적으로 노력하는 것을 의미한다. 상향이동 계획의 궁극적 목표는 소수인종이나 여성 및 비혜택 집단에게 그들이 능력이 있는 한, 가장 빨리 관리직에 진입할 수 있는 길이 있다는 것을 확신시켜 주는 데 있다.[44]

적극적 고용조치의 정당성을 좀 더 구체적으로 살펴보면 다음과 같다.[45] 첫째, 보상적 의미(the idea of compensation)이다. 이것은 과거의 편견과 차별로 고통 받았던 소외집단과 여성에게 보상을 하기 위한 이념이며 과거에 초점을 둔 보상을 의미한다. 만약 과거에 소수인종에게 차별이 존재하지 않았다면 그들도 사회적으로 신분상승(upward mobility)을 할 수 있었을 것이다. 그러한 차원에서 비혜택 집단이 귀속적인 특성 때문에 동등한 고용기회를 갖지 못하였다면 보상이라는 차원에서 적극적 고용조치는 정당한 것이다.

둘째, 인류평등주의(egalitarian view)이다. 적극적 고용조치를 보상적

---

44) Van Rriper, P. P., 1958, *op.cit.*, p.63.; Kranz, H., 1976, *The Participatory Bureaucracy*, Lexington, Massachusetts: Lexington Books, p.135.; Mosher, F. C., 1982, *Democracy and the Public Service*, 2nd ed. New York: Oxford University Press, pp.134−137.

45) Davis, C. E. & West, J. P., 1983, "Support for Affirmative Action in a Metropolitan Bureaucracy: An Analysis of Nonminority Adminisrators", In Hays, S. W. & Kearney, R. C. eds, *Public Personnel Administration*, Englewood Cliffs, N.J.: Prentice−Hall, Inc., pp.262−272.

의미에서 언급하지 않더라도 바람직한 사회적 목적을 달성하기 위해 시행되어야 하는 제도이다. 만약 적극적 고용조치에 대한 정당성이 과거보다 미래를 지향한다면, 소수인종과 여성에 대한 차별이 처음 어떻게 발생하게 되었는가와는 상관없이 바람직하지 못한 고용상황을 조정할 수 있어야 한다. 인류평등주의는 유전적으로 타고난 재능이나 실적에 기초하여 직위가 배분되는 실적제를 배척하고 모든 사람에게 고용분야의 접근기회를 확대시키기 위해 다양한 인종집단의 배분을 고려한 할당(quota)제도를 개발해야 한다고 주장한다. 그럼으로써 능력이 탁월한 사람이든 그렇지 못한 사람이든 고용기회를 동등하게 가질 수 있을 때 바람직한 사회적 목적이 달성될 수 있는 것이다.

셋째, 공리주의(utilitarian position) 입장이다. 대부분의 적극적 고용조치 옹호자들은 소수인종이나 여성에게 일정 비율을 남겨 주어야 한다고 주장하는 반면, 사회의 중요한 직위는 가장 능력 있는 사람이 차지해야 한다고 주장한다. 그러나 공리주의 입장에서 그것은 소수인종이나 여성들에게 직업적 비전을 제시하기 위해 필요하다고 주장한다. 여성과 소수인종을 관리직에 배치함으로써 다른 사람의 역할모델이 된다. 또한 소수인종과 여성이 사회적으로 성공할 수 있다는 점을 증명함으로써 나머지 사람들에게 업무에 충실할 수 있는 동기를 제공할 수 있다.

그러나 대표관료제를 실현시키기 위한 적극적 고용조치에 대한 비판도 자주 지적되어 왔다. 첫째, 능률성과 효과성의 문제이다. 즉 적극적 고용조치 실행결과 임명과 승진의 기준을 저하시킴으로써 정부 서비스의 질을 감소시킨다고 자주 논박되고 있다. 적극적 고용조치를 달성하기 위해 관료조직은 자질이 부족한 소수인종이나 여성을 고용하게 된다. 그들은 조직에서 요구하는 자격이나 능력보다는 과거에 받았던 차별에 대해 보상적 차원에서 직위를 부여받게 됨으로써 전체적으로 서비스의 질이 저하될 수 있고 업무의 능률이나 효과성에도 문제가 있다는 것이다. 둘째, 고용기회의 형평성 문제이다. 소수인종이나 여성들이 적극적 고용정책에 의해 채용되면, 그들보다 능력 있는 백인들이 채용이나 승진에서 불공평하게 제외된다는 점이다. 실적제를 지지하는 입장에서는 사회적 목적을 위해 기존의 절차나 수단을 변경할 수 없으며, 적극적 고용조치와 같은 우대조치는 경쟁적 노동시장에서의 개인적 권리를 침해한다고 보았다. 정당한 보상이 되기 위해서는 그 부담자가 잘못에 대한 책임이 있는 자여야 하는데, 할당제와 같은 보상적 고용정책은 직접적 책임이 없는 현재의 백인 남자들에 대한 역차별(reverse discrimination)을 초래한다고 비판하였다.[46] 또한 대부분의 조직이 연공서열식 시스템이기 때문에 소수인종을 위한 우선적 고용조치에서 손해를 보는 사람은 젊은 백인 남성이다. 이러한 주장에 대해 적극적 고용조치 우대론자들은 정부가 추구해야 하는 사회적 목적을 간과하고 제도화된 차별의 부정적 영향을 올바르게 인식하지 못하고 있다고 반박하였다.[47] 또한 백인 남성들은 흑인이나 여성, 여타 집단에 의해 지속적이며 의식적인 차별을 받아 본 적이 없다는 점과 충원과 승진을 위한 시험과정은 의식적·무의식적으로 이러한 불리한 집단들을 종종 차별해 왔다는 지적과 함께 적극적 고용조치를 옹호하였다.

---

46) 박경효·박천오, 앞의 글, 175−176쪽.

47) Lepper, M. M., 1983, "Affirmative Action: A Tool for Effective Personnel Management", In Hays, S. W. & Kearney, R. C. eds. *Public Personnel Administration*, Englewood Cliffs, N.J.: Prentice−Hall Inc, pp.216−245.; 박경효, 박천오, 앞의 글, 176쪽.

제3절 대표관료제의 한국적 적용가능성

1. 한국에서의 대표관료제 적용 범위

행정의 효과성과 능률성 그리고 형평성은 소수인종, 여성 및 기타 비혜택 집단을 포함하는 보다 폭넓은 대표성을 통해 증진되어야 한다. 소수인종이나 여성 등과 같은 소외집단의 대표자들은 자신의 문화권에 속하는 사람들과 보다 명백히 의사전달을 할 수 있으며, 보다 큰 협력을 이끌어 낼 수 있을 것이다. 여성은 여성의 문제에 보다 민감할 것이다. 그래서 보다 광범위한 대표성은 정책결정 시 그들 소속 집단에 대한 정보를 제공하여 결정을 용이하게 해 줄 것이다. 대표관료제 옹호자들이 주장하는 핵심은, 보다 대표성 있는 관료들이 이전에 소외되었던 집단의 욕구에 반응할 수 있는 정책결정을 유도하여 관료제를 더 대응적으로 만드는 데 있다는 점을 강조한다.

이처럼 대표관료제는 인종·종교·종족·언어·문화적 갈등을 겪고 있는 나라들에서 유용한 제도이다. 그 대표적인 나라가 미국인데, 미국에서는 다양한 인종 간의 갈등을 극복하고 소수·비혜택 집단을 보호하기 위하여 고용기회균등 조치, 차별철폐(affirmative action) 조치를 취함과 아울러 임용할당제(employment quota system)를 채택하고 있다. 위와 같은 갈등이 없는 나라들은 대표관료제를 심각한 과제로 고려하고 있지 않지만 그러한 나라들도 정부관료제의 민주화와 형평성 확보를 위해 대표관료제를 유용하게 적용하여 인적 구성을 형평성 있게 할 수 있을 것이다.

우리나라의 경우 대표관료제를 적용할 수 있는 핵심적 분야로서는 지역과 성별을 들 수 있다. 먼저 지역감정의 문제는 정치, 경제, 사회

등 모든 분야에 걸쳐 나타나고 있으며, 이미 여러 학자들에 의해 그 심각성이 지적되어 왔다. 따라서 지역감정의 해소 없이는 한국사회의 진정한 민주화를 기대하기는 어렵다는 것이 보편적인 인식인 것 같다. 지역문제에서 대표관료제론이 갖는 의미는 지역감정의 원인 및 해결책의 내용과 깊이 관련되어 있다. 즉 인사상의 지역적 불균형과 이에 따른 특정 지역의 소외의식이 지역감정의 주요 요인으로 작용하고 있으며 대표관료제의 적용에 따른 인물등용상의 형평성이 그 해소를 위한 바람직한 정책방향의 하나로 제시될 수 있는 것이다.[48]

또한 성별에 따른 문제를 보면, 사회 전반적으로 남녀 불평등이 존재해 온 우리 사회에서는 남녀 간의 관계를 지배와 종속으로 간주하는 남성우월적 문화가 지배적이라고 할 수 있다. 남성의 기득권과 지배를 인정하는 문화가 보편적 문화로 정착되어 왔으며, 이 때문에 우리 문화는 성중립적이지 않을 뿐만 아니라 여성에 대한 남성의 지배와 통제를 가능하게 하였다.

특히 노동에서의 여성차별은 자연스러운 분업의 방식으로 제도화되어 있고 조직에서 성차별적 분업은 가사노동의 여성 전담이라는 사회구조적인 틀을 답습하는 방식으로 이루어져 왔다. 특히 여성과 남성을 서로 다른 직종, 서로 다른 업무에 배치하면서 그중 여성이 담당하는 직무에 대해서는 낮게 평가하는 경향이 존재해 왔다.

이러한 여성에 대한 차별은 그 뿌리가 깊고 구조화되어 있어서 여성의 잠재적인 능력 개발을 제한하여 왔고 남녀 차별과정과 방법이 대부분 관습, 통념, 편견에서 비롯된 것이기 때문에 오랜 세월에 걸쳐 체질화된 여성차별 의식은 여성이 사회로 진출하는 데 커다란 장애로

---

48) 김용학, 1990, 엘리트 충원에 있어서의 지역격차, 한국사회학편. 「한국의 지역주의와 지역갈등」, 서울: 성원사, 307-324쪽.; 김만흠, 1991, 제6공화국과 지역감정의 심화, 김종철 외, 「지역감정연구」, 155-167쪽.: 박경효, 박천오, 앞의 글, 176쪽에서 재인용.

작용하였다. 유교적 문화에서 형성된 남녀에 대한 편견과 인식, 관행은 남성중심적 조직문화를 형성하고, 가부장제적 문화는 조직에도 이어져 업무배치나 승진에서 남성우선주의 경향으로 이어졌다.

따라서 이러한 사회에서는 전체적으로는 여성인력이 어느 정도 확보될 수 있을지라도 관리직에서는 그렇지 못한 한계를 보인다. 따라서 대표관료제를 적용하여 여성인력을 확보할 뿐만 아니라 관리직으로 진출할 수 있는 기회를 제공할 때 사회적 형평성이 달성되리라 생각된다.

우리나라의 대표관료제의 기존 연구들을 보면, 지역감정과 관련하여 대표관료제를 논하고 있거나 통제장치로서의 대표관료제 적용에 관한 연구가 이루어져 왔다. 그러나 여성공무원을 대상으로 한 대표관료제 연구는 드물다. 따라서 본 연구에서는 관리직 여성공무원의 문제에 대표관료제를 적용해 보고자 한다. Mosher는 국가사회 내의 다양한 사회계층이 국가 내에서 차지하는 인구구성의 비율만큼 관료제 내에서 비슷한 구성비율을 갖고 있어야 한다고 주장하였는데, 이 소극적 대표성을 적용하여 관리직 여성공무원의 대표성에 영향을 미치는 요인을 분석한다.

2. 관리직 여성공무원 대표성확보의 정당성

우리나라는 1989년 이후 국무총리의 권고 수준으로 위원회의 여성위원 참여의 확대를 꾀해 왔으나 그러한 권고는 법적 구속력이 없는 지시에 불과하기 때문에 여성 위원의 확대를 추진하는 데 큰 성과를 보지 못하였다. 그래서 1995년 여성관련 영역뿐만 아니라 국가의 중요 정책입안 시 여성의 견해와 입장을 실질적으로 반영할 수 있도록 여성발전기본법과 시행령을 제정하여 개별 위원회에 대해 연도별 여성참여목표율을 설정, 이행토록 하였고, 공무원 채용에서도 여성채용목표제를 시행토록 하였다. 여성채용목표제와 같은 여성우대제도는 단순한 여성의 권익제고 이외에도 유능한 여성을 공무원으로 확보함으로써 국가경쟁력을 높일 수 있다는 면에서 의의가 있다. 그러나 채용에서 여성에게 일정 비율의 문호를 개방했다 하더라도 임용과정에서 인사관리상 불이익이 지속된다면, 관리직에서의 여성 대표성은 확보될 수 없다. 그러므로 채용뿐만 아니라 임용 전체 과정에서 여성에 대한 편견이나 고정관념을 해소시키고 여성인력을 적극적으로 활용하는 것이 중요하다.

관리직에서의 여성공무원의 대표성 확보가 중요한 이유는 다음과 같다. 첫째, 정책결정직에 여성 참여를 확대시켜서 여성지위를 향상함과 동시에 인적 구성을 다양화시켜 정부정책의 질을 높일 수 있다. 실제 공직에서의 활동내용을 보면, 여성이 여성관련법안에 보다 적극적인 것으로 나타나 여성의 여성이익 대표가능성이 높은 것으로 보인다.[49] 둘째, 공직에서의 남·여 고용평등과 성차별 금지는 민간 부문 고용현장으로의 긍정적 파급효과가 존재할 수 있다는 면에서도 중요하다. 국가가 능력이 있는 여성인력으로 하여금 자신의 능력을 최대한 발휘할 수 있도록 고용여건을 마련해 주는 것은 고용주로서의 의무일 뿐만 아니라 국가의 이러한 솔선수범은 민간 부문의 고용현장에서 여성근로자에게 불리하게 이루어지고 있는 인사관리적 요소를 완화하고 억제하는 데 커다란 파급효과를 가져올 수 있다.

셋째, 사회진출을 희망하는 여성들에게 비전을 제시할 수 있는 역할모델을 할 수 있고, 공직진출을 희망하는 여성들에게는 자신의 능

---

49) Tamerius, K. L., 1995, "Sex, Gender and Leadership in the Representation of Women", In Gerduerst−Lahti & Rita Mae Kelly, eds. *Gender Power Leadership and Governance,* London: Macmillan Press, p.227.

력과 자질을 충분히 실현시킬 수 있는 공직에의 동기부여를 강화시키는 데 긍정적으로 작용할 것이다.

넷째, 후배 여성공무원으로 하여금 부단히 자기개발을 게을리 하지 않고 능동적·적극적으로 업무를 수행하게 하는 인센티브를 제공할 수 있다. 또한 공직과 같은 남성중심적 조직에서 후배 여성공무원에게 경력 개발을 적극적으로 지도해 줄 수 있는 여자상사가 존재한다는 면에서 중요하다. 이것은 여성부하의 경력개발을 위해 충고해 주고, 중요한 정보를 제공해 주며, 인간관계의 문제를 다루거나 조직에서 성장을 이룸에 있어 지원을 아끼지 않는 것이다.

따라서 관리직 여성공무원의 대표성이 갖는 이와 같은 중요성을 감안할 때 대표관료제의 적용은 정당성을 갖는다고 하겠다.

3. 국내 관련연구의 동향과 한계

공직사회에 진출한 여성공무원을 대상으로 한 역할갈등이나 직장만족도 등에 관한 연구는 상당히 있으나, 관리직 여성공무원의 대표성 정도에 영향을 미치는 다양한 원인을 체계적으로 분석한 연구는 드물다. 이는 아직도 여성공무원들에 주목하는 학자가 드물 뿐만 아니라 남성중심적인 공직에서 여성공무원에 관심을 갖는 것이 최근의 일이기 때문이다. 또한 그동안 관리직으로 진출한 여성의 수가 적었음에도 불구하고 이에 대해 문제를 제기할 만한 정치사회적 상황을 조성하기가 어려웠기 때문일 것이다. 따라서 대부분 기존 연구들은 주로 중앙정부 전체 직급을 연구대상으로 하거나 전국적인 추세를 파악하는 데 초점을 맞추고 있으며, 관리직 여성공무원에만 초점을 둔 연구는 극히 드물다.[50] 아래에서는 기존의 주요 연구들이 지적하고 있는 내용을 보다 구체적으로 살펴보기로 하겠다.

먼저 공무원의 인사운영에 있어서 성차별 실태를 알아보기 위하여 여성공무원을 대상으로 한 조사결과를 분석한 연구에 의하면, 보직배치에 있어서 일과 사람의 조화를 위한 합리적 기준보다는 여성이라는 점이 가장 중요한 요인으로 작용하고 있는 것으로 나타났다. 또한 5급 여성의 경우 부처의 중요 사항을 결정할 수 있는 부서에 배치되기보다는 소위 한직에 머무르고 있거나 그들의 업무 분야가 단순집행업무나 민원업무에 집중되는 등 여러 가지 차별적 현상이 존재함을 보여주고 있다.[51]

김복규는 대구시 여성공무원의 고용실태를 파악하고 평등고용의 장애요인을 밝히고 있는데 장애요인으로 제도적 불평등과 업무의 성별 분업 현상, 술자리 등 비공식모임이 중시되는 조직문화, 성차별의 정도에 대한 남녀공무원 간의 인식의 차이를 지적하고 있다. 한편 관리직 여성공무원에 대한 면접조사를 통해 조직에의 적응을 분석한 김윤수는 공직사회는 표면적인 법적, 제도적 측면에서는 성차별이 없는 것으로 되어 있으나, 이념적, 사고방식의 현실적 측면에서는 성차별적 구조가 존재함을 지적하고 있다.[52]

박천오의 공무원의 성별 직무관련 태도의 차이에 관한 조사연구[53]

---

50) 정용준, 1994, "우리나라 여성공무원의 현황과 실태", 「지방행정」 7.; 박숙자, 1993, 「공무원직에서의 성차별적 고용관행에 관한 연구」, 여성단체협의회.; 이은재, 1994, "지방자치실시에 따른 여성공무원의 발전방향", 「행정연구」, 제18집, 건국대행정문제연구소; 한국여성개발원, 1995, 「여성공무원의 평등고용실현촉진방안」.; 박혜자, 1999, "여성의 정치사회 참여와 새 시대의 역할", 「정부와 여성 참여」, 한국행정학회 2000년도 기획세미나·국제포럼 논문발표집.
51) 김혜련, 1996, "여성공무원의 인사운영 실태와 개선방안: 중앙부처를 중심으로", 한양대학교 행정대학원 석사학위논문.
52) 김윤수, 1993, "관리직 여성공무원의 조직적응에 관한 연구", 서울대학교 행정대학원 석사학위논문.
53) 박천오 외, 1999, "공무원의 성별 직무관련태도 차이에 관한 조사연구", 「정부와 여성」, 한국행정학회 2000년도 기획세미나·국제포럼 발표논문집.

에 의하면 여성공무원의 행태적 특성을 파악하기 위하여 직무관련 태도에 있어서 남녀공무원 간에 유의미한 차이가 있는지를 조사하였는데, 분석결과 여성공무원은 직무만족도, 조직몰입 수준, 관리방침에의 호응도의 세 가지 변수와 관련된 질문문항 모두에서 남성에 비해 긍정적인 응답을 하였고 이러한 차이는 통계적으로 유의미한 것임을 확인하였다. 이 같은 결과는 여성공무원의 비율증대가 공조직의 생산성에 기여할 것이며, 앞으로 여성공무원을 적극적이며 효과적으로 활용하기 위한 여성친화적인 인력 및 조직관리가 요구되고 있음을 보여준다.

이 외 중앙정부의 여성정책담당기구의 기능[54]과 지방정부 여성정책담당관의 역할과 과제,[55] 정부의 역할에 관한 연구와 전체적인 여성고용의 불평등 문제를 다룬 연구[56] 등이 있다.

그러나 이들 논문들은 대부분이 연구대상을 한정하지 않고 전체 직급 또는 대구 지역 공무원이나 인천 지역 공무원과 같이 특정한 지방정부 소속 지방공무원 전체 직급을 대상으로 하였다. 그리고 여성공무원의 대표성에 관한 내용은 실태분석에서만 간략하게 언급하는 정도이며, 현재 조직에서 여성공무원들이 만족스러운 근무를 하기 위한 직무환경개선에 초점을 맞추고 있다. 이에 반해 관리직 여성공무원의 대표성이 왜 낮은가에 대한 체계적인 연구나 인과관계를 검증한 분석은 없다. 이러한 점을 감안하여 본 연구에서는 5급 이상 관리직 여성공무원의 대표성에 영향을 미치는 다양한 원인과 그들 간의 상대적 중요성을 남녀공무원들의 인식조사를 통해 분석한다.

---

54) 조우철, 1999, "중앙정부의 여성정책담당기구의 기능에 관한 연구", 「정부와 여성」, 한국행정학회 2000년도 기획세미나·국제포럼 발표논문집.
55) 김애령, 1999, "지방정부 여성정책담당관의 역할과 과제", 「정부와 여성」, 한국행정학회 2000년도 기획세미나·국제포럼 발표논문집.
56) 김미경, 1999a, "여성정책과 정부역할의 변화", 「정부와 여성」, 한국행정학회 2000년도 기획세미나·국제포럼 발표논문.; 김미경, 1999b, "차별적 여성고용의 위기와 정부역할의 모색", 「한국정책학회보」, 8(1).

분석틀 및 방법

제Ⅲ장

제1절 관리직 여성공무원의 대표성 실태

1. 전체 여성공무원 현황

(1) 전체 여성공무원 연도별 정원

행정자치부 통계연보와 여성백서에 따르면 1988년에서 1998까지 약 10년 동안 우리나라 총 공무원의 수는 726,089명에서 888,217명으로 증가하였으며, 여성공무원의 수는 168,673명에서 264,364명으로 꾸준히 증가하는 추세를 보인다. 특히 1988년에서 1998년 사이의 여성공무원은 전체 공무원 중 23.2%에서 29.7%로 약 6.5%의 증가율을 보인다. 이러한 현상은 넓게는 전반적인 사회분위기의 변화, 여성경제활동인구의 증가와 고학력화, 공무원시험에서의 남녀구분 철폐를 위한 법적·제도적 노력[57]과 96년부터 여성채용목표제 도입의 실시 등 여성공무원 발전 지원시책의 적극 추진 등의 영향이라고 볼 수 있다(<표 3-1> 참조).

<h3 align="center">〈표 3-1〉 전체 여성공무원 연도별 정원 현황</h3>

(단위: 명, %)

연 도	전 체	남성공무원	여성공무원	여성비율
1988	726,089	557,416	168,673	23.2
1989	764,563	583,480	181,083	23.7
1990	780,870	587,102	193,768	24.2
1991	837,582	632,051	205,531	24.5
1992	871,527	648,356	223,171	25.6
1993	884,033	649,126	234,907	26.6
1994	889,736	654,116	235,620	26.5
1995	903,823	657,355	246,468	27.3
1996	913,104	659,187	253,917	27.8
1997	923,714	658,552	265,162	28.7
1998	888,217	623,853	264,364	29.7

자료: 1988-1992는 총무처, 「통계연보」
　　　1993-1997은 여성특별위원회, 1998, 「여성백서」, 167쪽.
　　　1998은 행정자치부 「통계연보」, 65쪽.

(2) 국가기관별 여성공무원 현황

사실상 우리나라 전체 공무원 중 여성의 비율은 통계상 상당히 높게 나타나고 있다. 특히 1980년대 말부터 여성의 공무원 진출을 확대하기 위한 다양한 조치들이 시행된 이후 여성공무원들의 비율은 급속히 증가하고 있다. 1998년 말 현재 <표 3-2> 행정부 소속 여성공무원 비율은 29.8%이며 입법부는 32.3% 그리고 사법부는 22.0%에 달하고 있다. 전체 여성공무원 중 98.5%가 행정부에서 근무하고 있다(<표 3-2> 참조).

---

57) 한국여성개발원, 1993, 앞의 글, 22쪽.

<표 3-2> 국가기관별 여성공무원 현황

(단위: 명, %)

구분	행정부			입법부			사법부			헌법재판소			중앙선거관리 위원회		
	총원	여성	비율	총원	여성	비율	총원	여성	비율	총원	여성	비율	총원	여성	비율
계	871,813	259,953	29.8	2944	950	32.3	11377	2503	22.0	177	54	30.5	1906	393	20.6

주: 위의 것은 1998년 말 현재의 자료임.
자료: http://www.csc.go.kr

2. 행정부 여성공무원 직급별 현황

(1) 일반직 여성공무원 직급별 현황

1998년 12월 31일 현재 일반직 여성공무원 현황을 보면 관리직인 1급에서 3급까지의 여성공무원은 22명으로 1.4%이고, 4급은 137명으로 2.0%, 5급은 825명으로 3.8%를 차지하고 있다. 6급에서 9급까지의 여성공무원 비율은 92.8%를 차지하였다. 1997년과 비교할 때 1급에서 3급까지 관리직 여성공무원 비율이 0.9%에서 1.39%로 증가하긴 하였으나 여전히 6급 이하 하위직 여성공무원이 대부분을 차지하고 있다(<표 3-3> 참조).

<표 3-3> 일반직 여성공무원 직급별 현황

(단위: 명)

구분	계	1급	2급	3급	4급	5급	6급	7급	8급	9급
총인원	277,595	75	446	1,059	6,991	21,947	60,583	84,243	68,738	33,513
여성수	57,603	0	3	19	137	825	4,426	15,936	22,912	13,345
비율	20.7	0.0	0.7	1.8	2.0	3.8	7.3	18.9	33.3	39.8

주: 위의 것은 1998년 12월 31일 현재의 자료임.
자료: 행정자치부, 1999, 「통계연보」, p.152.

행정부 소속 국가일반직 여성공무원의 경우 1급에서 3급은 18명으로 1.5%이고 4급은 78명으로 2.0%, 5급은 264명으로 3.5%이다. 그러나 6급 이하 여성공무원은 전체 여성공무원의 93.2%를 차지하고 있다(<표 3-4> 참조).

〈표 3-4〉 국가일반직 여성공무원 직급별 현황

(단위: 명, %)

구 분	계	1급	2급	3급	4급	5급	6급	7급	8급	9급
총인원	87,554	67	361	755	3899	7603	19,328	22,800	19,242	9916
여성수	12,327	–	2	16	78	264	1,342	2,855	4,490	2,810
비 율	14.1	0.0	0.6	2.1	2.0	3.5	6.9	12.5	23.3	28.3

주: 위의 것은 1998년 12월 31일 현재의 자료임.
자료: 행정자치부, 1999, 「통계연보」, 154쪽.

(2) 중앙행정부처별 여성공무원 현황

1997년 12월 현재 중앙부처에 근무하는 여성공무원 중 여성공무원 비율이 높은 부처로는 경찰청 60.9%(348명), 보건복지부 50.7%(1,115명), 정무장관 제2실 34.5%(10명), 정보통신부 34.4%(3,918명), 보훈처 24.2%(234명), 통계청 22.8%(87명), 노동부 22.0%(497명), 병무청 20.8%(280명), 문체부 17.1%(168명), 기상청 14.5%(105명), 교육부 14.3%(623명), 국세청 11.9% (1,808명) 등의 순이었고, 여성공무원 수가 많은 부처 순으로는 민원이나 건강진단 및 교육관련 사업이 많은 정통부, 국세청, 보건복지부, 법무부, 교육부 등의 순으로 나타났다.[58] (<표 3-5> 참조)

---

58) 여성개발원, 1999b, 앞의 글, 43-44쪽.

〈표 3-5〉 중앙행정부처별 일반 행정직 여성공무원 현황

(단위: 명, %)

구 분	계	여 성	비 율
경찰청	571	348	60.9
복지부	2198	1115	50.7
여성특위	29	10	34.5
정보통신부	11376	3918	34.4
보훈처	967	234	24.2
통계청	382	87	22.8
노동부	2262	497	22.0
병무청	1366	280	20.5
문체부	983	168	17.1
기상청	725	105	14.5
교육부	4347	623	14.3
국세청	15144	1808	11.9

주: 위의 것은 1997년 말 현재의 자료임.
자료: 여성개발원, 1999, 「여성공무원의 보직실태와 개선방안」, 44쪽 재편집.

1997년 12월 현재 중앙행정부처 중 5급 이상 관리직 여성공무원 현황을 보면, 1급은 한 명도 없고, 2급에는 노동부, 보건복지부에 각 1명, 3급은 정무 제2장관실에 1명, 4급은 50명, 5급은 135명이 있다. 중앙행정부처의 일반 행정직 여성공무원 현황에서 보는 바와 같이 복지부의 경우 전체 여성비율은 50.7%이나 5급 이상 여성공무원을 대상으로 할 경우에는 17.5%로 뚝 떨어지고 있다. 이는 5급 이상 관리직 여성공무원은 수적으로 매우 적음을 나타내는 것뿐만 아니라 경찰청, 복지부, 통계청, 노동부와 같은 제한된 부처에 배치되어 있는 것을 알 수 있다(<표 3-6> 참조).

〈표 3-6〉 중앙행정부처 일반 행정직 5급 이상 여성공무원 현황

(단위: 명, %)

구 분		1급		2급		3급		4급		5급	
부 처	여성비율	계	여성	계	여성	계	여성	계	여성	계	여성
경찰청	40.8	0	0	1	0	4	0	30	12	19	8
복지부	17.5	5	0	15	1	63	10	173	24	251	53
여성특위	42.1	1	0	1	0	3	1	5	1	9	6
정보통신부	0.71	3	0	13	0	28	0	222	1	574	5
보훈처	1.69	1	0	6	0	13	0	66	0	91	3
통계청	13.6	0	0	1	0	7	0	42	3	75	14
노동부	4.95	2	0	10	1	25	0	122	3	245	16
병무청	0.0	0	0	1	0	12	0	46	0	105	0
문체부	2.95	3	0	17	0	28	0	123	3	201	8
기상청	2.63	0	0	2	0	12	0	46	1	92	3
교육부	2.22	4	0	15	0	51	0	243	2	495	16
국세청	0.27	2	0	12	0	22	0	289	0	783	3

주 : 위의 것은 1997년 말 현재의 자료임.
자료: 행정자치부 인사기획과 내부자료.

3. 관리직 여성공직자 국제비교

행정관리직 여성의 비율을 각국의 자료를 중심으로 살펴보면, 미국과 오스트레일리아의 경우 관리직의 43.0%가 여성이며 캐나다는 42.0%, 스웨덴은 39.0%, 독일 26.0% 등 상당히 높은 데 반해, 일본이 9.0%, 한국은 4.0%에 불과하다. 특히 국가 중앙 공무원 중에서 관리직 여성을 보면 스웨덴이 33.0%로 가장 높고, 미국 30.0%, 오스트레일리아 24.0% 등으로 높다. 반면 한국 2.0%, 일본 8.0%, 싱가포르 5.0% 등 동양권의 국가들은 낮은 것으로 나타났다. 특히 우리나라의 공직진출 여성 비율은 아시아권 국가 중에서도 가장 낮은 것으로 나

타나 우리 공직이 얼마나 남성지배적인가를 보여주고 있다(<표 3-7>
참조).

<표 3-7> 관리직 여성공직자 수의 국가별 비교

(단위: %)

국 가	관리직 여성공무원 비율		
	전 체	정부기관	산하기관
한 국	2	3	1
일 본	8	7	9
미 국	30	21	31
싱가포르	5	0	7
독 일	7	16	5
스웨덴	33	48	26
캐나다	19	19	19
오스트레일리아	24	13	27

주: 위의 것은 1995년 자료임.
자료: *Human Development Report*, 1998, 154-155쪽, 188쪽에서 재구성.

제2절 분석틀 및 변수의 선정

여성공무원의 증가는 경제성장과 더불어 여성의 교육기회 확대 및
가치관 변화로 인한 여성의 사회활동 증가와 관련이 있다고 볼 수 있
다. 아울러 공직에서의 남녀구분모집 철폐, 여성채용목표제 실시 등
남녀공무원에 대한 정부의 평등한 대우를 위한 노력과 신분보장을 통
한 장기적이며 안정적인 직장생활이 가능하다는 인식에 의해 여성의

공직선호가 증가했기 때문이라고 할 수 있겠다.

그러나 정부의 정책적 노력과 여성의 사회활동 증가에도 불구하고 공직에서 5급 이상 관리직 여성공무원의 수가 하위직 여성공무원의 수와 비교했을 때 상대적으로 상당히 적은 상태이다. 우리나라와 같이 유교문화와 남성중심적인 사회에서 관리직 여성공무원의 대표성 확보의 중요성은 인사정책상에 남·여 고용평등과 성차별 금지는 민간 부문 고용현장으로 파급되는 효과가 크다는 점에서 그리고 사회진출을 희망하는 여성들에게 비전을 제시할 수 있는 역할모델을 할 수 있고 후배 여성공무원으로 하여금 적극적으로 업무를 수행하게 하는 인센티브를 제공할 수 있다는 점에서 중요하다. 또한 공직과 같은 남성중심적 조직에서 후배 여성공무원에게 경력개발을 적극적으로 지도해 줄 수 있는 여자상사가 존재한다는 면에서도 중요하다. 그럼에도 불구하고 관리직 여성공무원의 대표성은 현재 상당히 낮은 실정이다.

따라서 본 연구에서는 현재 관리직 여성공무원의 대표성이 떨어지는 데 영향을 미친 원인이 무엇인가에 대한 분석을 하고자 한다. 이를 위해 현재 관리직 여성공무원의 대표성은 국가 일반직 공무원 중 5급 이상 전체 공무원 수에 대한 여성공무원의 수적 비율로 정하였다. 대표성에 대한 측정방법은 남녀공무원을 대상으로 현재 관리직 여성공무원의 수적 비율이 어느 정도라고 생각하십니까, 라는 설문을 통하여 이루어졌다.

대표성에 영향을 미치는 독립변수로는 개인적, 사회문화적 및 제도적 요인의 세 변수군을 선정하였다. 세 독립 변수군에 대한 설명은 다음과 같다. 첫째는 개인적 특성으로서 성, 학력, 경력 및 나이 등과 같은 응답자의 사회인구학적 변수들이 관리직 여성공무원의 대표성 인식에 영향을 미칠 수 있을 것이다. 두 번째는 사회문화적 요인이다. 우리나라의 가부장적 유교문화는 관(官)은 권위주의를 상징하며 남성으로 이루어지는 사회라는 인식이 보편화되어 왔다. 그래서 여성이 관직을 갖는다는 것은 여성의 능력이나 적성에 관계없이 제한되어 왔으며, 남성 측에서도 여성공직자를 배타시해 온 경향이 있다. 유교적 사회문화는 남성중심적 조직문화를 형성하였으며 이러한 사회문화 속에서 관리직 여성공무원의 대표성은 저하될 가능성이 있을 것이다.

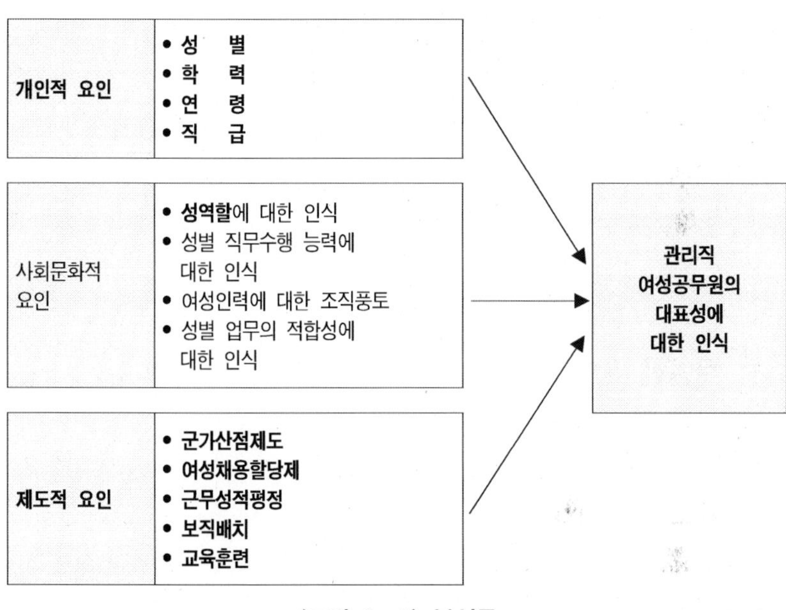

〈그림 3-1〉 분석틀

세 번째는 인사관리적 제도가 남녀공무원에게 공정하게 적용되었는가의 여부이다. 그동안 차별적인 규정의 개정 등 인사관리상의 차별철폐 조치는 어느 정도 있었으나 여전히 고용과 임용 과정에서 실제적인 차별이 존재하고 있음을 많은 선행 연구들은 지적하고 있다.[59] 여성공무원들이 공직을 선택한 이유 중 하나가 사기업에 비해 차별이 심하지 않고 능력에 따른 대우를 받을 수 있기 때문이라고 하나, 실질적으로는 보이지 않는 남녀공무원 간의 차별이 사기업에서와 마찬

____

59) 한국여성개발원, 1993, 「여성공무원의 평등고용실현 촉진 방안」, 19쪽.

가지로 존재하는 것이다.

한편, 개인적 변수군에는 성별과 학력, 연령, 직급, 사회문화적 변수군에는 성역할에 대한 인식과 성별 직무수행 능력, 여성인력에 대한 조직풍토, 업무의 적합성, 제도적 변수군에는 군가산점제도, 여성채용할당제, 근무성적평정, 보직배치 그리고 교육훈련 등 총 13개의 개별 변수가 포함되었고 이 변수들이 관리직 여성공무원의 대표성에 대한 인식에 어느 정도 영향을 미치는지 살펴볼 것이다. <그림-1>은 본 연구의 분석틀을 도식적으로 보여주고 있다. 아래에서는 관리직 여성공무원의 대표성에 영향을 미치는 변수들에 대해 보다 구체적으로 설명하고자 한다.

1. 개인적 요인

개인적 속성변수는 조직 내의 비교적 안정된 개인의 성격을 반영한다. 개인이 지닌 속성은 조직 내에서 발생할 수 있는 차별의 인지에 영향을 미친다. 교육 정도는 사회화 과정을 통해서 개인의 태도 및 가치관 형성에 중요한 영향을 미친다는 점에서, 연령과 직급은 개인의 사적 가치체제가 시간 및 근무경험에 따라 변할 수 있다는 점에서 선택하였다. 그리고 성별은 우리 사회가 전통적으로 여성에게 남성과는 다른 가치관 및 사회적 역할을 기대한다는 점에서 개인적 변수로 선정하였다.

(1) 성   별

성은 많은 나라에서 차별의 우선적인 지표로서 사용해 오고 있다. 많은 연구에서 민간 부문뿐만 아니라 정부에서조차도 남성과 비교해

서 여성들이 임금이나 직급에서 차별을 받고 있다고 지적하고 있
다.[60] 특히 우리나라처럼 유교성향이 강한 사회에서 여성이냐 남성이
냐는 중요한 문제이다. 단순히 어떤 성을 가졌느냐로 인해 본인의 능
력에 대한 평가는 달라지는 것이다.

대부분의 남성들은 여성들이 조직생활을 하는 데 갖추어야 하는 능
력과 소양이 떨어진다고 생각한다. 과거에서부터 현재까지 여성은 대
규모 조직에서 열등한 위치를 점하고, 관리직으로 올라갈수록 점차
대표성을 상실하고 있는 것이 일반적이다. 따라서 남성공무원이 여성
공무원보다 현재 관리직 여성공무원의 대표성을 높게 인식할 것이다.

(2) 학 력

교육이란 인간형성의 과정·수단·작용이라고 표현할 수 있다. 교
육은 일정한 사회가 그 사회의 새로운 구성원들에게 그 사회 내에서
의사소통을 가능하게 하기 위한 가치·신념·지식·상징적 표현을 전
달하는 과정이다.[61] 대체로 교육에서 강조하는 것은 인간관계 형성의
과정으로서 행동·태도·성격·가치지향·의식구조의 측면에서 건강
한 변화를 개인이 가지게 하는 데 두고 있다. 교육이 의도하는 바는
인지적·정의적·심리적 차원에서 개개인의 조화로운 성장·발달은
물론 각 개인이 지닌 잠재적 가능성을 최대한 신장·개발할 수 있게
지원·조장·촉진하려는 것이며 다른 한편으로는 사회적 불평등을 인
지할 수 있는 의식과 사고의 틀을 형성하는 데 큰 몫을 한다. 현대
사회가 내세우는 지배 이념이 자유와 평등을 추구하는 민주주의이기

---

60) Ha, Tae K., 1988, *Test of Three Selection Models: The Case of The Korean Senior Civil Service*, University of Georgia, Unpublished DPA Dissertation, p.33.
61) Reimer, J., Paolitto, D. P., & Hersh, R. H., 1983, *Promoting Moral Growth*, 2nd ed., N.Y.: Longman.; 김제한, 1993, 「교육심리학」, 서울: 서원, 11-12쪽에서 재인용.

때문에 현실은 그렇지 않더라도 최소한 이념적으로는 평등을 추구하도록 부추기는 것이다. 그러므로 이러한 교육과정 속에서 받은 평등의식은 자연스럽게 개인의 의식에 자리잡게 된다. 그러므로 학력이 높은 공무원이 낮은 공무원보다 현재 관리직 여성공무원의 대표성이 낮다고 인식할 것이다.

(3) 연 령

개인의 가치는 직무경험과 밀접한 관련이 있고, 경험은 시간에 따라 가변적이다. 동일한 가치를 가지고 근무를 시작한 사람이 훗날 서로 다른 경험을 통하여 서로 다른 가치를 지닐 수 있다. 공직에서 오래 근무한 사람은 조직분위기에 자연스럽게 익숙하게 된다. 연령과 관련하여 우리나라의 경우에 있어서 여성의 사회적 진출이 산업화의 진전에 따라 막 시작하는 단계에 있고 연령이 많은 사람일수록 전통적인 사고방식에 크게 영향을 받아 보수적인 성향을 띤다는 연구가 있다.[62] 특히 공직은 다른 조직보다 더 권위적이고 남성중심적이라는 인식이 팽배하므로 공직에서 오래 근무하고 연령이 많은 사람은 여성에 대한 평등의식이 낮다고 보아야 할 것이다. 따라서 남녀에 대한 평등의식은 연령과 관계가 있을 것이며 연령이 많은 공무원이 적은 공무원보다 현재 관리직 여성공무원의 대표성을 높다고 인식할 것이다.

(4) 직 급

직급은 재직 기간과 밀접한 관련이 있다. 재직 기간이 길수록 직급은 올라갈 것이다. 오랫동안 공직에 근무할수록 업무의 내재적 가치나 권력 및 수직적 인간관계를 중시할 것이다. Maslow의 욕구발전

---

62) Twenge, J. M., 1997, "Attitudes toward women, 1970－1995: A meta－analysis", *Psychology of Women Quarterly,* 21, pp.35－51.

단계와 권력이 지닌 본질적 속성에 비추어 볼 때, 관리직으로 올라갈 수록 물질적 가치보다는 내재적 가치를 강조하게 될 것이고, 사회화를 통하여 보다 많은 권력과 통제욕구를 지닐 것이다.[63] 직급도 연령과 마찬가지로 직급이 높은 사람은 낮은 직급에서 근무한 사람보다 권위적이고 수직적 인간관계를 중시하게 되며 여성에 대한 평등의식이 낮다고 보아야 할 것이다. 직급이 높은 공무원은 낮은 공무원보다 현재 관리직 여성공무원의 대표성을 높게 인식할 것이다.

2. 사회문화적 요인

전통적인 우리나라의 성이데올로기는 남성 지배를 인정하든 인정하지 않든 남녀 간의 성차를 인정하고 남녀의 역할이나 영역 구분에서 그 해결을 모색하려 한다. 그렇기 때문에 정치와 행정은 남성의 영역으로 간주되고 여성은 타 영역에서 일정한 역할을 함으로써 상호 보완적 관계를 형성할 수 있다는 입장을 견지해 왔다.

Mead는 성차의 형성과정에서 문화의 중요성을 밝히고 있다. 그는 여성다움과 남성다움은 생물학적 요인에 의하여 결정되는 것이 아니라 문화적 특성에 따라, 사회 성원을 어떻게 사회화시키느냐에 따라 다양하게 나타날 수 있다고 하였다.[64] 성은 문화적 현상이고 조직들은 하나의 주어진 문화를 볼 수 있는 관건이다. 남성중심의 조직 내에서는 여성적 행위에 대한 전체적인 편견, 성별 정체감 그리고 조직 운영의 실제인 신규 채용 및 승진에서 성차별이 존재한다. 우리나라

---

63) 김호섭, 1997, "업무가치를 통하여 본 공무원의 사익구조와 상관변수", 「한국행정학보」, 제31권 제4호, 12-13쪽.
64) 미드 마가렛, 1989, 「세 부족사회에서의 성과 기질」, 조혜정(역), 서울: 이대출판부.; 한국여성개발원, 1999c, 「여성과 리더십」, 교육자료300-21, 68-69쪽.

경우에도 유교적 문화에서 형성된 남녀에 대한 편견과 인식, 관행은 남성중심적 조직문화를 형성하여 왔으며 가부장제적 문화는 조직에도 이어져 업무배치나 승진에 있어 남성 우선주의 경향으로 이어진다. 결국 조직의 인사관리에도 영향을 미쳐 여성에게 불리하게 작용할 소지가 있다.

사회문화적 요인에서는 조직수준에서 남녀공무원이 갖고 있는 인식을 토대로 성역할, 성별 직무수행 능력, 여성인력에 대한 조직풍토, 현재 맡고 있는 업무에 대한 적합성이 현재 관리직 여성공무원의 대표성에 미치는 영향을 분석할 것이다.

(1) 성역할에 대한 인식

'남성다움'과 '여성다움'의 내용은 '남성과 여성은 모름지기 이러이러해야 한다'는 사회적 성정체성(Gender Identity)을 제공해 준다. 이들 성정체성은 대부분의 사회 성원들에 의해 공유되어 행동을 규제한다. 남성과 여성의 관계에 대한 전통적인 입장은 여성과 남성은 근본적으로 다르며, 여성보다 남성이 더 우수하고 여성은 남성에 비해 열등하다는 두 가지 전제로 함축될 수 있다. 이러한 성차별은 고정적인 성역할에 의해 나타난다. 즉 '성역할이란 남녀를 구분시키는 특징에 대한 사람들 사이의 합의된 신념'으로, 이렇게 합의된 신념은 남녀의 생리·해부학적 차이에 근거하고, 기질·성격·능력의 차이를 상정해서 권리·노동·의무 등을 분리시키는 내용으로 이루어져 있다.[65] 남성은 환경에 능동적으로 대처하고, 직업을 갖고 가족을 부양하며, 여성은 환경에 수동적으로 적응하고 가사와 어머니의 임무를 갖는다. 그러므로 여성들은 자연스럽게 사회의 참여에 관심을 가지지 않게 되고 또 그렇게 해야 여성답다는 관념 속에 여성에게 가장 적합한 장소

---

65) 이영자 외, 1993, 「성평등의 사회학」, 서울: 한울 아카데미, 268쪽.

는 가정이라는 생각이 고정되게 된다. 이러한 여성에 대한 한정된 역할 규정은 여성들의 능력발휘 기회를 원천적으로 봉쇄하여 조직에서 여성인력을 받아들이려 하지 않는 경향으로 이어질 뿐만 아니라 조직에 속한다고 하더라도 관리직으로 승진하는 데 큰 장애가 된다. 그러므로 공무원들의 성역할에 대한 인식은 관리직 여성공무원의 대표성에 영향을 미칠 것이다.

(2) 성별 직무수행 능력

성별 직무수행 능력이란 조직에서 개인이 지닌 능력을 말하는데 남성과 여성이 동등한 업무능력을 가졌다고 가정하더라도 여성의 능력보다 남성의 그것이 더 신뢰할 만하다고 인식하여 성별적 채용과 배치를 함으로써 성고정화에 의한 직업의 성별분리의 정당성을 주장한다.[66] 조직에서 업무추진에 필요한 능력을 여성과 남성이 별다른 차이 없이 가지고 있음에도 불구하고 사회·문화적 인식에서는 여성보다는 남성이 우월한 능력을 가지고 있는 것처럼 받아들여지는 것이다. 그러므로 공무원들의 남녀 간 성별 직무수행 능력에 대한 차이 인식은 현재 관리직 여성공무원의 대표성에 영향을 미칠 것이다.

(3) 여성인력에 대한 조직풍토

남자가 아닌 여자가 조직의 관리자적 위치에 있을 때 그 여성관리자의 성공 여부는 주변 인물, 즉 상관이나 부하, 동료들이 그녀를 어떻게 받아들이느냐에 의해 크게 영향을 받는다. 여성과 남성의 관리자적 행동에 실제적 차이가 없음에도 불구하고 그 평가결과는 크게 다르다. 예를 들어 직무만족도의 경우 남녀상관이 보여주는 행동에

---

66) Arrow, K. J., 1973, *The Theory of Discrimination in Labor Market,* N.J.: Princeton Univ. Press, pp.436−455.

큰 차이가 없음에도 불구하고 남녀부하 모두가 상관이 여성일 경우에 불만족이 더 크다.[67] 또한 여성상관을 둔 부하직원들은 자신들의 상관이 적절한 보상을 해 줄 수 있는 힘(reward power)이 남성상관보다 미약하다고 생각한다.[68] 따라서 동료나 부하직원이 여성일 때보다 상관일 때 거부감이 많다. 이것은 일반적으로 여성관리자의 행동을 평가하는 주체(대부분이 남성)가 그들이 가지고 있는 주관적 관점에서 여성관리자의 행동원인을 분석하는 경향이 있기 때문인 것이다. 우리나라의 경우 조직에서 여성을 조직인력으로 인식하기보다는 단지 여자로 받아들이려는 인식이 있어 함께 근무하는 것에 대하여 불편해하는 경향이 있다. 이러한 여성인력에 대한 부정적인 조직풍토는 관리직 여성공무원의 대표성에 영향을 미칠 것이다.

(4) 업무의 적합성에 대한 인식

일반적으로 조직구성원이 자신이 맡은 업무가 적성에 맞는다고 생각하면 업무에 임하는 태도가 적극적일 것이고 업무성취도도 높을 것이다. 이것은 업무를 담당하는 개인뿐만 아니라 조직 전체의 생산성에도 영향을 줌으로써 조직발전에 기여하는 것이다. 업무가 개인의 적성에 맞게 되면 업무를 수행하는 과정 속에서 나름대로 가치와 의미를 발견하게 되고 자아성장이나 성취에 큰 도움이 될 것이다. 그러므로 조직구성원이 자신의 능력과 지위에 맞는 업무를 담당하는 일은 중요하다.

그러나 현실적으로 볼 때 여성이 맡고 있는 업무의 대부분은 남성

---

67) Hansen, P., 1974, "Sex Differences in Supervision", Paper, *American Psychological Association*, New Orleans.; 한국여성개발원, 1999c, 앞의 글, 61-78쪽.

68) Taylor, M. S. & Ligen, D. R., 1979, "Employees' reactions to male and female managers: Is there difference?", Paper, *Academy of Management*, Atlanta, GA.; 한국여성개발원, 1999c, 앞의 글, 42-43쪽에서 재인용.

보조적인 일과 한정된 업무를 행함으로써 실질적으로 여성공무원의 능력발전에 도움이 되지 않는다. 이러한 현상은 여성공무원들의 생산성뿐만 아니라 업무에 소극적으로 응하게 됨으로써 개인적 능력이나 관리자적 자질을 향상시켜 가는 데 좋지 않은 영향을 미친다. 개인이 자신의 능력에 맞고 그 능력을 향상시킬 수 있는 업무를 담당할 때 일에 대한 성취감과 만족감 및 관리직으로의 진출을 기대할 수 있을 것이다. 그러므로 공무원들의 공직 업무의 성적 적합성에 대한 인식은 관리직 여성공무원의 대표성에 영향을 미칠 것이다.

3. 제도적 측면

(1) 군가산점제도

현재 공무원 채용 시 가산점을 주는 제도로 군가산점제도가 있다. 이 제도는 제대군인의 경우 면접시험 최종일 기준으로 6개월 이내에 만기 전역될 자를 포함하여 2년 이상의 복무 기간을 마치고 전역한 자는 필기시험의 각 과목별 만점의 5%를, 2년 미만 복무 기간을 마치고 전역한 자에게는 각 과목별 3%를 가산하고 있다.

군가산점제도의 취지는 군복무에 따른 개인적 기회상실 보전 및 신성한 국방의무 질서 확립이라는 보다 큰 차원에서 1961년부터 시행되고 있는 국가보훈 및 예우 차원에서의 제도이다. 따라서 특정 계층에 불이익을 주기 위한 차별제도가 아니고 더욱이 남녀 간의 불평등제도로서 이해되어서는 안 된다는 주장도 있다. 그러나 이 제도를 군복무 남성의 사회기여에 대한 보상으로 볼 수도 있겠지만 현행 가산점제도는 가산 정도가 높아 공무원 공채 합격 여부에 절대적인 영향을 미치는 제도이다. 특히 관리직 공무원이 되기 위해서는 7급 이상의 공무원으로 임용되어야 한다는 점을 감안할 때 이 제도는 7급 공채시험에서 여성에게 불리한 영향을 미침으로써 관리직 여성공무원의 양적 부족을 낳는 요인이기도 하다. 그러므로 군가산점제도가 여성 공직임용에 미치는 영향력의 정도는 관리직 여성공무원의 대표성과 상관관계가 있을 것이다.

(2) 여성채용할당제

여성들의 사회참여 욕구의 증대와 함께 여성의 공직진출이 늘어남에 따라 정부에서는 여성채용할당제를 도입하였다. 여성의 수적인 대표성이 일정한 수준에 도달할 때까지 체계적인 증가를 목표로 하는 이 제도는 여성에 대한 차별을 없애기 위한 법적·정치적 수단으로서 여성참여와 그 역할이 일정 수준까지 도달되도록 여성이 일정한 요건 하에 우선적으로 고려되는 조치이다. 따라서 더 이상 할당제가 필요 없는 구조가 되면 당연히 해지되는 잠정적인 조치로 현존하는 차별이 없어질 때까지만 필요 되는 한시적이며 임시적인 조치이다. 여성채용할당제는 여성공무원의 수적 부족 현상을 해소시키기 위한 조치이다. 여성채용할당제는 여성공무원의 수적 부족 현상을 해소시키기 위한 조치이므로 여성채용할당제의 여성공직임용에 대한 긍정적인 인식은 관리직 여성공무원의 대표성에 정(+)의 영향을 미칠 것이다.

(3) 근무성적평정제도

근무성적평정은 공무원의 능력, 태도, 직무수행가치 등을 판정하여 기록하고 활용하는 활동이라고 정의할 수 있다.[69] 근무성적평정의 목적은 공무원과 행정의 발전, 인사처리의 기준제시, 인사기술의 평가기준제시이다. 공무원승진 임용 시 작성해야 하는 승진명부의 평정점은

---

69) 한국여성개발원, 1993, 앞의 글, 66쪽.

근무성적평정점 50점, 경력평정점 30점, 훈련성적평정점 20점을 만점으로 작성하게 된다. 여기서 개인 간의 격차가 크게 나타날 수 있는 부분은 근무성적평정 점수이다. 평정자는 평정대상 공무원의 상급 감독자 등 소속 장관이 지적하는 근무성적 평정자와 평정자의 직근상급 감독자인 근무성적평정 확인자로 구성되며, 이들은 근무실적의 내용과 직무수행 능력, 직무수행 태도 등을 참고로 하여 평정하도록 되어 있는데 배점비율은 근무실적이 50점이고 나머지가 각각 25점으로 구성된다. 이러한 평정내용의 공개는 법적으로 금지되어 있는 관계로 상당수의 공무원, 특히 여성공무원들의 평정결과에 대한 신뢰는 낮은 것으로 나타났다.70) 이를 고려할 때 여성공무원에 대한 개인성적 평정의 공정성 정도는 관리직 여성공무원의 대표성에 영향을 미칠 것이다.

(4) 보직배치

실제 행정에 있어서 보직이 무엇이냐 하는 것은 승진에 못지않게 중요한 의미를 가지고 있다. 이전의 보직이 핵심 보직이었던 경우에는 한 계급 승진하여 상위직급이 되더라도 종전의 직무에 비하여 그 책임도가 덜하고 업무에 따른 영향력이 못한 경우도 있다. 그런가 하면, 핵심보직, 중요 자리인 경우에는 그 자리로 가는 것만으로 승진이 보장되기도 한다. 따라서 실제 공무원 인사관리에 있어서 보직경쟁은 승진경쟁에 못지않게 치열하다. 이러한 보직관리는 개인의 사기와 승진·교육훈련에 직접적 영향을 미치는 한편, 적재적소 배치원칙을 보직관리에 반영함으로써 행정의 효율성을 도모할 수 있게 한다. 따라서 보직 결정은 중요한 인력운영 수단의 하나로 공무원을 일정한 직위에 배치하는 행위로 직위와 사람을 조화시키는 작용이다. 여기에는

---

70) 한국여성개발원, 1993, 앞의 글, 147쪽.; 김신복, 1994, "공무원의 인력관리와 인사행정의 개선과제", 「서울대학교 행정논총」, 제32권 1호, 28쪽.; 박동서, 1992, "새정부의 인사행정과제", 「국책연구」, 1992 가을/겨울 종합호, 169쪽.

현재의 평가와 장래의 예측을 내포하는 행위가 포함된다. 이는 공무원의 만족과 발전 그리고 능력 활용에 많은 영향을 미친다. 그러나 현실적으로 여성공무원들의 보직은 이러한 원칙에 입각하여 이루어지지 않고 있는 실정이다. 보직단계에서의 불평등은 고·하위직을 불문하고 여성공무원들이 경험하고 있으며, 남성 인사담당자들도 인정하고 있는 실정이다.[71] 따라서 여성공무원의 보직관리에 있어 현실적으로 적용되는 기준은 개인이 지닌 인적 요건, 즉 경력, 학력 및 전공분야, 훈련실적, 업무추진력 등이 적용되는 것이 아니라 남성상사의 개인적 판단에 따른 여성차별적 편견이 적용되고 있다.[72] 그러므로 보직배치에 있어서 여성공무원에 대한 공정성 정도는 관리직 여성공무원의 대표성에 영향을 미칠 것이다.

(5) 교육훈련

공무원 교육훈련은 목적별, 기능별, 직급별, 대상별, 분야별 특성에 따라 여러 가지로 분류할 수 있다. 공무원 교육훈련을 받는 기관을 중심으로 하여 분류해 보면, 교육훈련기관 교육훈련, 직장훈련, 위탁훈련, 특별시책교육 등이 있다.

이 중 교육훈련기관 교육훈련은 직급별 기본교육과 직무분야별 전문교육, 정신교육이 있으며, 위탁교육은 국내위탁훈련과 국외위탁훈련으로 나누어진다. 위탁교육은 전문행정인의 양성과 행정 각 분야의 국제적 업무수행 능력 배양 등을 위해 우수인재의 육성을 위해 국내외의 정규교육기관, 연수기관 등에 위탁하여 실시하는 교육훈련이다.

일반적으로 공무원의 교육훈련은 교육대상자가 되면 소정의 절차를 거쳐 받기 때문에 평등하게 실시되고 있다고 본다. 그러나 근무성적

---

71) 한국여성개발원, 1999b, 「여성공무원의 보직실태와 개선방안」, 4쪽.
72) 한국여성개발원, 1993, 앞의 글, 64쪽.

평정에서도 가산이 되는 교육훈련은 여성공무원 스스로 선택할 수 없는 여건이거나 여성공무원에게 선택의 기회가 적은 경우가 발생하는 것으로 나타났다. 성별을 기준으로 교육훈련을 이수한 공무원의 수를 보면, 여성공무원은 대부분의 교육에서 낮은 비율을 차지하는 것으로 나타났다.[73] 교육훈련이 근무성적평정에 영향을 미치기 때문에 이것에 대한 기회가 적은 여성공무원들은 승진에 불리하게 되고 장기적으로 관리직으로 진출하는 데 장애가 되는 것이다. 따라서 여성공무원에 대한 교육훈련기회의 공정성 정도는 관리직 여성공무원의 대표성에 영향을 미칠 것이다.

이상에서 설명한 독립변수들 간의 가설적 관계를 요약하면 다음의 <표 3-8>과 같다.

〈표 3-8〉 가설의 설정

변 수	가 설
성 별	• 남성공무원이 여성공무원보다2 현재 관리직 여성공무원의 대표성을 높게 인식할 것이다.
학 력	• 학력이 높은 공무원이 낮은 공무원보다 현재 관리직 여성공무원의 대표성을 낮다고 인식할 것이다.
연 령	• 연령이 많은 공무원이 적은 공무원보다 현재 관리직 여성공무원의 대표성을 높게 인식할 것이다.
직 급	• 직급이 높은 공무원이 낮은 공무원보다 현재 관리직 여성공무원의 대표성을 높게 인식할 것이다.
성역할에 대한 인식	• 성역할에 대해 보수적 인식을 지니고 있다면 관리직 여성공무원의 대표성을 높게 인식할 것이다.
성별 업무수행 능력	• 남녀 간 업무수행 능력에 차이가 있다고 인식한다면 관리직 여성공무원의 대표성을 높게 인식할 것이다.

---

73) 한국여성개발원, 1993, 「여성공무원의 평등고용실현 촉진방안」, 52-55쪽.

변 수	가 설
여성인력에 대한 조직풍토	• 여성인력에 대한 조직풍토가 부정적이라면 관리직 여성공무원의 대표성은 높게 인식할 것이다.
업무의 적합성	• 공직업무가 남성에게 더 적합하다고 인식한다면 관리직 여성공무원의 대표성을 높게 인식할 것이다.
군가산점제도	• 군가산점제도가 여성 공직임용에 부정적 영향을 미친다고 인식한다면 관리직 여성공무원의 대표성은 낮다고 인식할 것이다.
여성채용 할당제	• 여성채용목표제가 여성 공직임용에 긍정적 영향을 미친다고 인식한다면 관리직 여성공무원의 대표성은 낮다고 인식할 것이다.
근무성적 평정제도	• 여성공무원에 대한 근무성적평정이 공정하다고 인식한다면 여성공무원의 대표성은 높다고 인식할 것이다.
보직배치	• 여성공무원에 대한 보직배치가 공정하다고 인식한다면 관리직 여성공무원의 대표성은 높다고 인식할 것이다.
교육훈련	• 여성공무원에 대한 교육훈련기회가 공정하다고 인식한다면 관리직 여성공무원의 대표성은 높다고 인식할 것이다.

제3절 조사대상 및 분석방법

1. 조사대상

관리직 여성공무원의 대표성이 낮은 원인을 분석하기 위하여 설문조사를 실시하였다. 설문조사는 문헌을 통해 밝혀진 관리직 여성공무원의 대표성에 관한 원인을 개인적, 사회문화적, 제도적 변수군으로 나누어 이 가운데 가장 많은 영향을 미치는 요인이 무엇인지를 분석하였다.

조사대상은 관리직으로 진출하기 위해서는 7급 이상 공무원이 되어야 한다고 생각되어 그 이하의 공무원은 제외하고 7급 이상 일반직 국가공무원을 대상으로 하였다. 일반직 국가공무원만을 대상으로 한 이유는 국가와 지방공무원을 동시에 대상으로 한 기존의 연구가 있을 뿐만 아니라 국가 중앙부처 공무원은 지방공무원과는 다른 환경에서 근무하기 때문에 이들이 갖는 인식은 지방공무원의 그것과 다를 것이라 생각되었기 때문이며 또한 일반직 국가공무원 7급 이상을 대상으로 한 연구가 현재까지 드물기 때문이다.

설문배부는 2000년 3월 20일부터 4월 27일까지 실시되었다. 설문 대상 부처는 5급 이상 관리직 여성공무원의 의견을 되도록 많이 반영하기 위하여 이들의 비율이 높은 교육부, 노동부, 여성특별위원회, 행정자치부 등을 주요 부처로 선택하였다. 또한 이들 부처 의견만이 아닌 전체 공무원의 의견을 골고루 반영하기 위하여 몇 개 타 부처에도 설문을 실시하였다. 설문배부 방식은 여성특별위원회와 행정자치부, 교육부는 담당자를 직접 방문하여 설문을 배부하고 나중에 받는 형식을 취하였으며 노동부와 그 외 부처들은 우편으로 전달하는 방식으로 이루어졌다. 총 350부의 설문지가 배포되어 이 가운데 320부가 회수되었으나 설문응답이 불성실한 4부를 제외하고 316부만 분석에 이용하였다. 316명의 인구통계학적 특성을 보면, 여성공무원이 114명으로 36.1%이고, 남성공무원은 202명으로 63.9%였다. 직급별로 보면 1-2급은 한 명도 없었고, 3급이 24명(7.6%), 4급 41명(13.0%), 5급 116명(36.7%), 6급 90명(28.5%), 7급이 45명(14.2%)이었다. 응답자의 인구통계학적 특성은 <표 3-9>와 같다.

<표 3-9> 응답자의 일반적 특성

(단위: %)

변　수	집　단	비　율
성　별	남　성	63.9
	여　성	36.1
직　급	3급	7.6
	4급	13.0
	5급	36.7
	6급	28.5
	7급	14.2
학　력	고졸 이하	7.9
	전문대졸	3.5
	대학졸	59.5
	대학원졸	28.8
연　령	30세 미만	6.6
	31-39세	32.6
	40-49세	49.4
	50세 이상	11.1

2. 조사방법

　분석을 위한 방법에서 관리직 여성공무원의 대표성은 소극적 대표성에 초점을 두었다. 소극적 대표성은 전체 조직구성원 중 관리직 여성공무원이 차지하고 있는 비율을 통해 파악될 수 있다. 그러므로 관리직 여성공무원의 대표성이란 5급 이상 전체 공무원 수에 대한 여성공무원이 차지하는 비율을 말한다고 하겠다. 따라서 종속변수는 관리직 여성공무원이 공직에서 차지하는 수적 비율에 대해 남녀공무원들이 어느 정도라고 인식하고 있는지를 통해 측정되었다(<부록> 참조).

관리직 여성공무원의 대표성에 영향을 미치는 요인은 개인적, 사회 문화적 및 제도적 변수군으로 나누어지며, 총 13개의 개별 변수들로 이루어졌다. 설문지의 문항들은 한국여성개발원과[74] 김복규에서[75] 사용했던 문항들을 발췌하여 재조정하였다.

질문에 대한 응답을 구함에 있어서는 Likert 5점 척도(매우 그렇다 -1점, 보통-3점, 매우 그렇지 않다-5점) 방식을 이용하였다. 실증적인 분석은 SPSS for WINDOWS 8.0을 이용한 분산분석(Analysis of Variance: ANOVA)과 교차분석(Crosstab), 계층회귀분석(Hierachical regression analysis), 다중회귀분석(Multiregression analysis), 빈도분석 등을 이용하였다.

연구 분석은 개별 변수의 설문문항들이 정교하게 구성되었는지의 여부를 판단하기 위하여 신뢰도 계수인 Cronbach 알파(α) 값을 알아 보았다. 알파 값은 설문문항들이 동질적인 요소로 구성되어 있는지를 반영하는데, 한 척도상의 변수들은 동일한 개념을 갖는 것이라 생각 되기 때문에 서로 양(+)의 상관관계를 갖는다고 가정한다. 만일 서로 양의 상관관계를 갖지 않는다면 이들 변수들은 선택할 이유가 없게 되며, 일반적으로 알파는 상관계수로 해석될 수 있기 때문에 그 범위 는 0에서 1까지의 값을 갖는다. 음(-)의 값을 갖는 알파는 양의 상관 이 아니므로 신뢰도 모형을 위반한다고 볼 수 있으므로 음의 값을 갖

---

74) 한국여성개발원, 1994, 「여성고용에 있어 실질적 차별의 개선방안」, '94연구보 고서 200-11., 남녀고용 평등 심포지엄보고서.; 한국여성개발원, 1996, 「직장 내 성차별 관행 및 인식 개선을 위한 교재개발」, '96연구보고서 200-22.; 한 국여성개발원, 1997, 「공기업 여성고용 구조와 인력관리의 현황 및 과제」, '97 연구보고서 220-9.; 한국여성개발원, 1999a, 「한국형남녀평등의식검사 개발」, '99연구보고서 250-4.; 한국여성개발원, 1999b, 「여성공무원 보직실태와 개선 방안」, '99연구보고서.
75) 김복규, 1999, "대구지역 여성공무원의 고용실태와 평등 고용촉진에 관한 연 구", 대구지역 공공부문 「여성고용실태 및 평등고용의 과제」, 세미나 발표문, 계명대학교 사회과학연구소.

는 문항을 제외할 경우 전체 알파 값은 높아지게 된다. 본 연구에서
는 신뢰도 검증을 실시하였다.

그리고 관리직 여성공무원의 대표성에 영향을 미치는 요인들의 상
대적 중요성을 파악하기 위하여 계층회귀분석과 다중회귀분석을 실시
하였다.

분석결과 및 논의

제 IV 장

본 장에서는 관리직 여성공무원의 대표성에 관한 영향요인을 분석한다. 그 구체적 내용을 제시하면 다음과 같다. 첫째, 응답자들이 인식하는 관리직 여성공무원의 대표성 정도를 개인특성별 기준에 따라 비교·분석하였다. 둘째, 공무원들의 사회문화적, 제도적 요인의 각 변수에 응답한 비율을 알아보기 위해 빈도분석을 실시하였다. 셋째는 사회문화적, 제도적 요인에 포함된 각 변수에 대하여 응답자 집단 간 인식의 차이를 알아보기 위해 분산분석을 하였으며 집단 간의 차이가 유의성을 갖는지를 확인하기 위하여 교차분석을 실시하여 Chi-square 값을 검증하였다.

넷째, 관리직 여성공무원의 대표성에 영향을 미치는 변수군 간의 상대적 중요성을 파악하기 위하여 계층회귀분석(hierarchical regression analysis)을 실시하였다. 마지막으로 개별 변수들 간의 상대적 영향력을 파악하기 위해 다중회귀분석을 실시하였다. 이에 앞서 바람직한 최종 모형의 구성을 위해 Backward 입력방식을 통하여 총 13개의 개별 변수들 중 유의미한 독립변수를 재선정하였다.

제1절 개인적 요인

1. 전체 응답자의 대표성 인식 정도

(1) 전체 응답자의 대표성 인식 정도

현재의 관리직 여성공무원의 대표성이 어느 정도라고 생각하십니까, 라는 설문에 대한 전체 응답자의 응답비율을 살펴보면 <표 4-1>과 같다. 높은 편이라고 생각하는 비율은 12명으로 3.79%였고, 적당은 71명으로 22.5%, 낮은 편은 233명으로 73.8%였다. 전체적으로 남녀공무원 모두 현재 관리직 여성공무원의 대표성에 대해 낮다고 인식하는 것으로 나타났다(<표 4-1> 참조).

〈표 4-1〉 전체 응답자의 관리직 여성공무원의 대표성 인식 정도

(단위: %, 명)

성별 \ 항목	매우 높은 편	높은 편	적당	낮은 편	매우 낮은 편	무응답
전체	1.26(4)	2.53(8)	22.4(71)	53.2(168)	20.6(65)	-

(2) 성별에 따른 대표성 인식 정도

성별에 따라 관리직 여성공무원의 대표성을 어느 정도로 인식하고 있는지를 비교하였다. 현재 공직에서 5급 이상 여성공무원의 수적 비

율에 대해서 남·여공무원 모두 부족한 것으로 인식하고 있다.

〈표 4-2〉 현재 관리직 여성공무원의 대표성 인식 정도

(단위: %, 명)

성별 \ 항목	매 우 높은 편	높은 편	적 당	낮은 편	매 우 낮은 편	무응답
남 자	1.8(4)	3.7(8)	28.7(58)	50.4(102)	15.0(30)	-
여 자	-	-	9.6(11)	58.7(67)	31.7(36)	-
전 체	1.26(4)	2.53(8)	21.8(69)	53.5(169)	20.9(66)	

그러나 남자공무원의 경우, 매우 높거나 높은 편이라고 답한 비율이 5.5%, 적당하다는 비율이 28.7%인 반면에 여성공무원의 경우에는 매우 높거나 높은 편이라고 응답한 사람은 한 명도 없고 적당하다고 응답한 비율은 9.6%였으며 남자공무원에 비해 낮다고 인식하는 응답 비율이 높았다. 이것은 실질적으로 여성공무원이 남성공무원보다 5급 이상 관리직에서의 대표성 부족에 대해 더 심각하게 생각하고 있음을 시사한다고 볼 수 있다(<표 4-2> 참조).

2. 응답자 특성별 대표성 인식 정도

관리직 여성공무원의 대표성 인식 정도에 대한 개인적 변수들의 집단 간 차이를 분석한 결과를 살펴보면 <표 4-3>과 같다.

〈표 4-3〉 응답자별 대표성 인식 정도

| | | 관리직 여성공무원의 대표성 | | | |
		평균	표준편차	Chi-square	Sig
성 별	남 자	3.70	.88	26.685	.000
	여 자	4.22	.61		
연 령	30세 미만	3.86	.73	110.296	.000
	30-39세	4.26	.72		
	40-49세	3.61	.83		
	50세 이상	3.80	.72		
학 력	고졸 이하	3.84	.47	130.885	.000
	전문대 졸	3.18	.98		
	대학 졸	3.93	.84		
	대학원 졸	3.79	.82		
직 급	7급	3.85	.55	49.748	.000
	6급	4.11	.55		
	5급	3.61	.90		
	4급	3.75	.71		
	3급	4.16	.70		

여성공무원(4.22)이 남성공무원(3.70)보다 관리직 여성공무원의 대표성 정도에 대하여 낮게 인식하고 있으며, 남녀집단 간에 통계적으로 유의미한 차이를 보이고 있다. 남자의 대표성 인식 정도에 대한 응답평균은 적당하다와 낮은 편 사이였으나 여성은 낮은 편과 매우 낮은 편 사이였다. 연령별로는 30-39세 집단이 대표성 정도에 대하여 가장 낮게 인식하고 있는 반면에 40-49세 집단이 가장 높게 인식하고 있다. 연령 간 대표성의 인식 정도에서도 통계적으로 유의미한 차이를 보이고 있다.

또한 학력 간 차이를 보면, 전문대졸 집단이 대표성에 대해 가장 높게 인식하고 있으며, 대학졸업자 집단이 가장 낮게 인식하는 것으로 나타났다. 학력 간 인식의 차이도 통계적으로 유의미한 차이를 보이는 것으로 나타났다. 마지막으로 직급 간 집단의 차이를 보면, 3급 집단이 대표성에 대하여 가장 낮게 인식하고 있는 반면에, 5급 집단이 가장 높게 인식하고 있으며 통계적으로 유의미한 차이를 보이고 있다(<표 4-3> 참조).

3. 개인적 변수군에 대한 회귀분석

개인적 요인의 변수인 성별, 연령, 학력, 직급이 관리직 여성공무원의 대표성에 미친 영향을 분석하기 위하여 회귀분석을 실시하여 본 결과를 보면, 4개의 변수가 동시에 투입되어 종속변수에 대한 전체 설명력은 9.7%(R^2)로 나타났다. 회귀방정식의 회귀계수의 중요도를 나타내는 Beta 계수의 절댓값은 성별이 가장 크게 나타났기 때문에 개인적 측면에서는 성별이 관리직 여성공무원의 대표성에 가장 큰 영향을 미친다고 할 수 있겠다. 다음으로는 연령이 큰 영향을 미치고 있다. 통계적으로 유의성을 판단하기 위하여 t 값의 유의확률을 보면 성별과 연령은 통계적으로 유의미한 것으로 나타났지만(p<.05) 학력이나 직급은 통계적으로 유의미한 영향을 미치지 못하는 것으로 나타났다(<표 4-4> 참조).

<표 4-4> 개인적 변수군에 대한 회귀분석

독립변수	관리직 여성공무원의 대표성		
	표준화된 계수(Beta)	T	Sig.
Constant		8.166	.000
성 별	.275	4.148	.000
연 령	.128	2.212	.028
학 력	.031	.419	.675

독립변수	관리직 여성공무원의 대표성		
	표준화된 계수(Beta)	T	Sig.
직 급	−.112	−1.630	.104
R²	.097		
F	8.322		

제2절 사회문화적 요인

1. 빈도분석

성역할에 대한 인식은 남성과 여성의 관계에 대한 전통적인 입장으로 남성은 환경에 능동적으로 대처하고 직업을 갖고 가족을 부양하며, 여성은 환경에 수동적으로 적응하고 가사와 자녀에 대한 전적인 양육의 책임이 있다는 입장인데 이에 대한 응답비율을 보면 강한 긍정 10.2%, 약한 긍정 25.3%, 보통 17.8%, 약한 부정 22.2%, 강한 부정 24.4%였다. 약한 부정과 강한 부정을 합쳐 부정으로 본다면 46.6%로 긍정 35.5%보다 높게 나타났다.

성별 직무수행 능력은 남성과 여성이 동등한 업무능력을 가졌다고 가정하더라도 여성의 수행 능력보다 남성의 그것을 더 신뢰할 만하다고 인식하고, 여성보다는 남성이 우월한 능력을 가지고 있는 것처럼 받아들여지는 것으로, 이에 대한 응답비율을 보면 남자가 훨씬 우수 5.1%, 남자가 나은 편 33.5%, 비슷함 55.4%, 여자가 나은 편 4.1%였고 여자가 훨씬 우수하다고 응답한 공무원은 없었다. 대부분의 공무원들은 남녀의 직무수행 능력을 비슷하게 인식하고 있었다. 여성인력에 대한 조직풍토에서는 여성 상사, 여성 동료, 여성 부하와 함께 근무하는 것이 남자와 비교해서 불편한지에 대한 물음으로 비슷하다는 응답비율이 55.1%로 가장 높았고 다음이 불편한 편이다 25.2%였다. 대체로 편하다고 응답한 비율은 낮았다. 업무의 적합성은 현재 맡고 있는 업무가 남성과 여성 중 누구에게 더 적합한 업무라고 생각하는가에 대한 응답비율을 보면, 남자에게 훨씬 더 적합하다 16.1%, 남성에게 적합한 편이다 26.3%, 비슷하다 46.2%, 여성에게 적합한 편이다 9.2%, 여성에게 훨씬 더 적합하다 2.2%였다. 그러나 성별로 나누어 업무의 적합성에 대한 응답비율을 살펴보면, 여성들은 63.2%가 성별에 상관없거나 30.7%만이 여성에게 더 적합한 업무라고 응답한 반면 남성은 62.8%가 남성에게 더 적합한 업무라고 응답하거나 성별에 상관없다는 36.7%로 응답하여 업무를 남성적인 것으로 인식하려는 경향을 보였다. 업무의 적합성에 대해 이러한 인식의 차이를 낳는 원인을 생각해 볼 때, 현재 남녀공무원이 담당하는 업무가 실질적으로 성별로 분리되어 있거나 또는 남녀공무원이 유사한 업무를 맡고 있음에도 불구하고 남성들이 보다 남성 적합적이라고 생각하는 경향이 아닌가 생각된다(<표 4-5> 참조).

〈표 4-5〉 사회문화적 요인에 대한 빈도분석

(단위: %)

독립변수	항 목	비 율
	① 강한 긍정	10.2
	② 약한 긍정	25.3
	③ 보통	17.8
성역할에 대한 인식	④ 약한 부정	22.2
	⑤ 강한 부정	24.4
	전 체	99.9

독립변수	항 목	비 율
성적 능력	① 남자가 훨씬 우수	5.1
	② 남자가 나은 편	33.5
	③ 비슷	55.4
	④ 여자가 나은 편	4.1
	⑤ 여자가 훨씬 우수	―
	전 체	98.1
여성인력에 대한 조직풍토	① 훨씬 불편하다	4.2
	② 불편한 편이다	25.2
	③ 비슷하다	55.1
	④ 편한 편이다	13.8
	⑤ 훨씬 편하다	0.8
	전 체	99.1
업무의 적합성	① 남성에게 훨씬 더 적합하다	16.1
	② 남성에게 적합한 편이다	26.3
	③ 비슷하다	46.2
	④ 여성에게 적합한 편이다	9.2
	⑤ 여성에게 훨씬 더 적합하다	2.2
	전 체	100.0

2. 성별에 따른 사회문화적 요인의 인식 정도

(1) 성역할에 대한 인식

여자가 직장을 다니더라도 집안일과 자녀 양육에 대해 전적으로 책임을 져야 한다는 주장에 대해 어떻게 생각하는가 하는 질문에서 남성공무원들은 긍정 32.3%, 보통 23.2%, 부정 44.0%로 응답한 반면에, 여성공무원들은 긍정 3.5%, 보통 6.1%, 부정 90.3%로 응답하였다. 집안일과 자녀 양육에 대한 남성들의 인식은 여자가 책임을 져야 한다와 그렇지 않다고 생각하는 비율이 큰 차이가 없는 반면에 여성들은 부정하는 비율이 훨씬 높았다(<표 4-6> 참조).

아내의 취업 여부와 상관없이 가족부양을 위한 경제적 책임은 남편에게 있다는 주장에 대한 질문에서 남성공무원들은 긍정 59.4%, 보통 15.8%, 부정 24.8%로 응답한 반면, 여성공무원들은 긍정 8.0%, 보통 14.0%, 부정 78.0%로 응답하였다. 여성들은 경제적 부양을 위한 책임을 남편과 함께 져야 한다고 생각하는 반면에 남성들은 스스로 책임을 져야 한다고 인식하고 있는 것으로 나타났다(<표 4-6> 참조).

〈표 4-6〉 성별에 따른 성역할 인식 정도

(단위: %, 명)

성역할인식	응답문항	강한 긍정	약한 긍정	보 통	약한 부정	강한 부정	무응답
여자의 자녀양육	남자	6.5(13)	25.8(52)	23.2(47)	31.1(63)	12.9(26)	0.5(1)
	여자	2.6(3)	0.9(1)	6.1(7)	26.3(30)	64.0(73)	–
남자의 경제적 책임	남자	14.8(30)	44.6(90)	15.8(32)	20.8(42)	4.0(8)	–
	여자	–	8.0(9)	14.0(16)	40.4(46)	37.6(43)	–
남자의 우선 채용	남자	24.7(50)	38.2(77)	21.8(44)	8.9(18)	6.4(13)	–
	여자	0.9(1)	9.6(11)	20.1(23)	9.6(11)	59.6(68)	–
전체	남자	15.3(93)	36.1(219)	20.3(123)	20.3(123)	7.8(47)	0.2(1)
	여자	1.2(4)	6.1(21)	13.5(46)	25.4(87)	53.8(184)	

자격이 비슷한 남녀 중 한 명만 채용해야 한다면 남자가 채용되어야 한다는 주장에 대한 질문에서 남성공무원들은 긍정 62.9%, 보통 21.8%, 부정 15.3%인 반면에 여성공무원들은 긍정 10.5%, 보통 20.1%, 부정 69.2%로 남녀 간에 심한 인식의 차이를 보이고 있다(<표 4-6> 참조).

(2) 성별 직무수행 능력

귀하께서는 남녀의 직무수행 능력에 대해 어떻게 생각하십니까, 라는 질문에 대해 남성공무원들은 남자가 낫다 55.9%, 비슷하다 42.0%, 여자가 낫다 0.5%로 응답한 반면 여성공무원들은 남자가 낫다 8.0%, 비슷하다 78.9%, 여자가 낫다 10.5%로 응답하여 남성들은 자신들의 업무수행 능력이 낫다고 생각하는 반면에 여성들은 성별에 상관없이 비슷하거나 여성이 조금 낫다고 생각하고 있음을 보여준다(<표 4-7> 참조).

<표 4-7> 성별에 따른 직무수행 능력에 대한 인식 정도

(단위: %, 명)

업무 수행 능력	응답문항	남자가 훨씬 우수	남자가 나은 편	비슷	여자가 나은 편	여자가 훨씬 우수	무응답
업무수행 능력	남자	7.9(16)	48.0(97)	42.0(85)	0.5(1)	–	1.5(3)
	여자	–	8.0(9)	78.9(90)	10.5(12)	–	2.6(3)
전체		5.1(16)	33.5(106)	55.4(175)	4.1(13)	–	1.9(6)

(3) 여성인력에 대한 조직풍토

귀하께서는 여자상관을 모시는 데 대해 어떻게 생각하십니까, 라는 물음에 남성공무원들은 불편하다 56.3%, 비슷하다 39.6%, 편하다 2.8%로 응답한 반면에 여성공무원들은 불편하다 18.4%, 비슷하다 61.4%, 편하다 20.2%로 응답하여 남성공무원들이 여자상관을 모시는 데 대해 여성공무원보다 불편해하고 있음을 알 수 있다.

여자동료에 대한 물음에서 남성공무원들은 남자동료와 비슷(52.5%)하거나 불편(35.7%)해하고 있는 반면 여성공무원들은 비슷(57.9%)하거나 편하다(33.3%)고 인식하고 있어 남녀공무원 간의 심한 인식의 차이를 보이고 있다.

〈표 4-8〉 성별에 따른 여성인력에 대한 조직풍토의 인식 정도

(단위: %, 명)

여성 인력에 대한 조직풍토	응답문항	훨씬 불편한 편	불편한 편	비슷	편한 편	훨씬 편한 편	무응답
여자 상관	남자	10.3(21)	46.0(93)	39.6(80)	2.8(6)	—	1.4(3)
	여자	2.6(3)	15.8(18)	61.4(70)	18.4(21)	1.8(2)	—
여자 동료	남자	3.5(7)	32.2(65)	52.5(106)	10.8(22)	0.5(1)	0.5(1)
	여자	—	8.8(10)	57.9(66)	31.6(36)	1.7(2)	—
여자 부하	남자	4.5(9)	26.2(53)	56.4(114)	12.4(25)	—	0.5(1)
	여자	—	2.6(3)	76.3(87)	18.4(21)	2.6(3)	—
전체	남자	6.1(37)	34.8(211)	49.4(300)	8.7(53)	0.2(1)	0.8(5)
	여자	0.9(3)	9.1(31)	65.2(223)	22.8(78)	2.0(7)	

여자부하에 대한 물음에서도 남성들은 여자부하를 불편(30.7%)하거나 남자부하와 비슷(56.4%)하다고 생각하는 반면에 여성들은 비슷(76.3%)하거나 편하다(21.0%)고 생각하였다.

여성인력에 대한 조직풍토의 전체적인 응답비율을 성별로 나누어 보면, 남성은 여성인력에 대해 불편한 편 40.9%, 비슷함 49.4%, 편한 편 8.9%였고 여성은 편한 편 10.0%, 비슷함 65.2%, 불편한 편 24.8%로 남성들은 여성인력과 함께 근무하는 것에 대해 편하게는 생각하고 있지 않았다. 한편, 여성이 부하일 때보다 동료일 때, 동료일 때보다 상관일 때 남성들은 더 불편하게 인식하고 있음을 알 수 있다(<표 4-8> 참조).

(4) 업무의 적합성

현재 맡고 있는 업무가 여성과 남성 중 누구에게 더 적합하다고 생각하는가라는 물음에 대해 남성들은 자신들에게 더 적합하다 (62.8%)고 응답한 비율이 제일 많았고 여성공무원들은 비슷하다 (63.2%)에 가장 많이 응답하였다.

〈표 4-9〉 성별에 따른 업무의 적합성의 인식 정도

(단위: %, 명)

업무의 적합성	응답문항	남자에게 훨씬 더 적합	남자에게 적합한 편	비 숫	여자에게 적합한 편	여자에게 훨씬 더 적합	무응답
업무의 적합성	남자	25.2(51)	37.6(76)	36.7(74)	0.5(1)	–	–
	여자	–	6.1(7)	63.2(72)	24.6(28)	6.1(7)	–
전체		16.1(51)	26.3(83)	46.2(146)	9.2(29)	2.2(7)	–

이것은 남성들이 맡고 있는 업무가 실질적으로 비중 있는 업무이거나 또는 남성중심적으로 인식하려는 경향에서 나온 결과라 여겨진다. 전체적으로는 남자에게 적합하다 42.4%, 비슷하다 46.2%, 여자에게 적합하다 11.4%로 비슷하게 인식하는 비율과 남자에게 적합하다고 인식하는 비율이 거의 비슷하였다(<표 4-9> 참조).

3. 사회문화적 요인에 대한 개인특성별 인식 정도

사회문화적 요인에 대한 인식의 차이를 검증하기 위하여 개인적 변수들을 이용하여 분산분석과 교차분석을 실시하였다. 분석결과를 살펴보면, 성역할에 대한 인식에 대해서는 성별과 연령, 직급에 따라 유의미한 차이를 보이고 있으나(p<.05), 학력은 유의미한 차이를 보이지 않고 있다. 연령이 적은 하위직 여성공무원일수록 성역할 인식에 대해 부정적인 반응을 보이는 것으로 나타났다.

성별 직무수행 능력 변수에 대해서는 성별과 연령, 학력, 직급 모두 유의미한 차이를 보이고 있다. 연령이 많은 하위직 남성공무원일수록 남성이 더 우월한 능력을 가진 것으로 인식하는 것으로 나타났다.

여성인력에 대한 조직풍토에서는 성별과 연령, 직급에 따라 유의미한 차이를 보이고 있는데, 연령이 많은 관리직 남성공무원일수록 여성인력에 대해 불편해하고 있는 것으로 나타났다. 업무의 적합성은 성별, 연령, 직급에서는 유의미한 차이를 보이고 있지만 학력은 유의미한 차이가 없는 것으로 나타났다. 연령이 많은 하위직 남성공무원일수록 자신이 맡고 있는 업무가 남성에게 적합한 일이라고 인식하고 있다(<표 4-10> 참조).

〈표 4-10〉 사회문화적 요인에 대한 개인특성별 인식 정도

		성역할에 대한 인식				성별 직무수행 능력			
		평균	표준편차	Chi-square	Sig.	평균	표준편차	Chi-square	Sig.
성별	남 자	3.15	1.17	99.610	.000	2.32	.69	40.519	.000
	여 자	4.26	1.06			2.94	.69		
연령	30세 미만	4.14	1.24	68.893	.000	2.86	.65	87.130	.000
	30-39세	3.92	1.25			2.75	.74		
	40-49세	3.37	1.15			2.39	.69		
	50세 이상	2.89	1.25			2.11	.72		
학력	고졸 이하	4.08	.95	19.594	.484	2.76	.44	32.857	.008
	전문대졸	3.27	1.01			2.09	.83		
	대학졸	3.50	1.31			2.57	.69		
	대학원졸	3.54	1.20			2.35	.86		

		성역할에 대한 인식				성별 직무수행 능력			
		평균	표준 편차	Chi- square	Sig.	평균	표준 편차	Chi- square	Sig.
직급	7급	3.62	1.30			2.24	.88		
	6급	3.86	1.10			2.45	.51		
	5급	3.45	1.28	50.217	.000	2.37	.75	65.426	.000
	4급	3.34	1.33			2.66	.82		
	3급	3.13	1.23			3.00	.00		

		여성인력에 대한 조직풍토				업무의 적합성			
		평균	표준 편차	Chi- square	Sig.	평균	표준 편차	Chi- square	Sig.
성별	남 자	2.70	.72	35.973	.000	2.13	.79	123.447	.000
	여 자	3.22	.68			3.31	.66		
연령	30세 미만	3.43	.60			3.29	.85		
	30−39세	2.93	.74	40.036	.005	2.99	.55	149.395	.000
	40−49세	2.87	.73			2.17	.96		
	50세 이상	2.51	.70			1.89	.63		
학력	고졸 이하	2.80	.71			2.84	.55		
	전문대졸	2.55	1.13	25.604	.179	1.91	1.14	23.668	.097
	대학졸	2.93	.73			2.46	.91		
	대학원졸	2.87	.73			2.48	.99		
직급	7급	2.64	.74			2.16	.85		
	6급	3.09	.63			2.10	.72		
	5급	2.97	.77	51.514	.000	2.22	.87	94.910	.000
	4급	2.68	.72			3.00	1.03		
	3급	2.54	.78			3.14	.35		

4. 사회문화적 변수군에 대한 회귀분석

관리직 여성공무원의 대표성에 대한 사회문화적 변수군의 영향 정도를 분석한 결과, 성역할에 대한 인식, 성별 직무수행 능력, 여성인력에 대한 조직풍토, 업무의 적합성, 4개의 변수가 동시에 투입되어 종속변수의 전체 설명력이 17.1%(R^2)이다. 각 독립변수의 통계적으로 유의한 차이를 판단하기 위한 t 값의 유의확률을 보면, 성역할에 대한 인식, 성별 직무수행 능력, 여성인력에 대한 조직풍토는 유의한 영향을 미치는 것으로 나타났다.

〈표 4-11〉 사회문화적 변수군에 대한 회귀분석

독립변수	관리직 여성공무원의 대표성		
	표준화된 계수(Beta)	T	Sig.
Constant		11.907	.000
성역할에 대한 인식	.383	6.285	.000
성별 직무수행 능력	.187	3.091	.002
여성인력에 대한 조직풍토	.163	2.979	.003
업무의 적합성	.100	1.908	.057
R^2	.171		
F	16.085		

회귀계수의 상대적 중요도를 나타내는 표준화된 계수 Beta 값의 절대치의 크기를 보면 성역할에 대한 인식이 가장 큰 요인임을 알 수 있다(β=.384). 다음으로 성별 직무수행 능력(β=.187), 여성인력에 대한 조직풍토(β=.163)의 순으로 나타났다. 그러나 업무의 적합성은 통계적으로 유의미한 영향을 미치지 못하였다. 따라서 성역할 인식에 대해 부정적이며, 직무수행 능력에서 여성이 우수하다고 생각하고, 여

성인력에 대해 편하다고 생각할수록 관리직 여성공무원의 대표성을 낮게 인식하는 데 영향을 미치는 것으로 나타났다(<표 4-11> 참조).

제3절 제도적 요인

1. 빈도분석

군가산점제도가 여성공무원의 공직임용에 미친 영향 정도에서 매우 유리가 1.6%, 유리한 편 4.1%, 보통 35.8, 불리한 편 43.3%, 매우 불리 14.6%로 각각 나타났다. 본 제도가 여성에게 긍정적으로(매우 유리나 유리) 작용하였다는 응답은 다소 의외의 결과라 하겠다. 아마도 군복무기간 동안 전혀 시험 준비나 학업에 전념할 수 없었던 남성들이 공채시험에서 군가산점에도 불구하고 여성보다 불리하다고 생각하였기 때문에 이러한 응답이 나왔다고 이해될 수 있다. 그러나 전체적으로는 군가산점제도가 여성의 공직임용에 불리한 제도로 인식하는 것으로 나타났다. 여성채용목표제가 여성의 공직임용에 미친 영향 정도에 대해서는 ① 매우 영향 없음 10.8%, ② 거의 영향 없음 23.1%, ③ 보통 31.3%, ④ 조금 유리 25.6%, ⑤ 매우 유리 7.9%로 드러났다. 영향이 없다는 응답과 유리하게 작용하였다는 응답이 비슷하게 나와 본 제도에 대한 공무원들의 평가가 엇갈리고 있음을 보여준다.

근무성적평정에 대한 인식은 공정하게 이루어져 온 편이다 35.7%, 공정하게 이루어지지 않은 편이다 38.0%, 잘 모르겠다 25.6%로 서로 인식의 차이가 크게 나타나고 있다.

<표 4-12> 제도적 요인에 대한 빈도분석

(단위: %)

변 수	항 목	비 율
군가산점제도	① 매우 유리	1.6
	② 유리한 편	4.1
	③ 보통	35.8
	④ 불리한 편	43.3
	⑤ 매우 불리	14.6
	전 체	99.4
여성채용목표제	① 매우 영향 없음	10.8
	② 거의 영향 없음	23.1
	③ 보통	31.3
	④ 조금 유리	25.6
	⑤ 매우 유리	7.9
	전 체	98.7
근무성적평정	① 매우 공정하게 이루어져 왔다	2.5
	② 공정하게 이루어져 온 편이다	33.2
	③ 잘 모르겠다	25.6
	④ 공정하게 이루어지지 않은 편이다	33.6
	⑤ 전혀 공정하게 이루어지지 않았다.	4.4
	전 체	99.3
보직배치	① 매우 공정하게 이루어져 왔다	1.3
	② 공정하게 이루어져 온 편이다	40.2
	③ 잘 모르겠다	22.5
	④ 공정하게 이루어지지 않은 편이다	31.3
	⑤ 전혀 공정하게 이루어지지 않았다	4.1
	전 체	99.4
교육훈련	① 매우 공정하게 이루어져 왔다	5.4
	② 공정하게 이루어져 온 편이다	51.9
	③ 잘 모르겠다	25.3
	④ 공정하게 이루어지지 않은 편이다	15.2
	⑤ 전혀 공정하게 이루어지지 않았다	1.6
	전 체	99.4

보직배치에 대한 인식은 공정하게 이루어져 온 편이다 41.5%, 공정하게 이루어지지 않은 편이다 35.4%, 잘 모르겠다 22.5%로, 공정하게 이루어져 온 편이라고 응답한 비율이 높았다. 교육훈련에 대한 인식은 공정하게 이루어져 온 편이다 57.3%, 공정하게 이루어지지 않은 편이다 16.8%, 잘 모르겠다 25.3%로 많은 공무원들이 공정하게 이루어져 왔다고 인식하고 있음을 보였다(<표 4-12> 참조).

2. 성별에 따른 제도적 요인에 대한 인식 정도

제도적 요인에 대한 개인특성별 인식 정도를 알아보기 전에 남녀공무원 간에 각 제도에 대한 인식 차이를 빈도분석을 통해 비교하였다.

(1) 군가산점제도

군가산점제도가 여성공무원의 공직임용에 미치는 영향에 대한 질문에서 남성공무원들은 불리하다에 42.1%, 거의 영향을 미치지 않고 보통이다에 49.5%에 응답한 반면 여성공무원들은 불리하다에 86.0%, 보통에 11.4%로 남녀 간 많은 인식의 차이를 보이고 있다.

〈표 4-13〉 군가산점제도가 여성의 공직임용에 미치는 영향

(단위: %)

군가산점제도	응답문항	매우 유리	유리한 편	보 통	불리한 편	매우 불리	무응답
군가산점 제도	남 자	2.0(4)	5.4(11)	49.5(100)	37.6(76)	4.5(9)	1.0(2)
	여 자	0.9(1)	1.7(2)	11.4(13)	53.5(61)	32.5(37)	—
전 체		1.6(5)	4.1(13)	35.8(113)	43.3(137)	14.6(46)	0.6(2)

대부분의 여성공무원들은 공직임용에 군가산점제도가 불리한 영향을 미친다고 생각하고 있음을 알 수 있다(<표 4-13> 참조).

(2) 여성채용목표제

여성채용목표제가 여성들의 공직임용에 어떤 영향을 미치는가에 대한 질문에서 남성들은 ① 매우 영향 없음 7.9%, ② 거의 영향 없음과 ③ 보통, ④ 조금 유리에 답한 비율은 87.1%, ⑤ 매우 유리 3.5%로 답하였다. 반면 여성들은 ① 매우 영향 없음에 15.8%, ② 거의 영향 없음과 ③ 보통, ④ 조금 유리에 67.5%, ⑤ 매우 유리에 15.8%로 답하였다.

<표 4-14> 여성채용목표제가 여성의 공직임용에 미치는 영향

(단위: %, 명)

여성 채용목표제	응답문항	매우 유리	조금 유리	보통	거의 영향 없음	매우 영향 없음	무응답
여성채용 목표제	남자	3.5(7)	24.8(50)	36.6(74)	25.7(52)	7.9(16)	1.5(3)
	여자	15.8(18)	27.2(31)	21.9(25)	18.4(21)	15.8(18)	0.9(1)
전체		7.9(25)	25.6(81)	31.3(99)	23.1(73)	10.8(34)	1.3(4)

남자의 응답비율은 영향이 없다와 유리하다고 인식하는 비율이 거의 비슷한 데 비해 여성들은 유리하다고 응답한 비율이 높았다. 전체적인 응답비율에서도 유리하다고 인식하는 비율이 영향이 없다고 인식하는 비율보다 약간 높았다(<표 4-14> 참조).

(3) 근무성적평정

근무성적평정이 여성공무원들에게 공정하게 이루어져 왔다고 생각하는가라는 질문에 대해 남성들은 48.1%가 공정하게 이루어져 왔다고 생각하고 있으며, 잘 모르겠다 32.2%, 불공정하게 이루어져 왔다 18.8%로 응답하였다. 반면 여성들은 공정하다 14.0%, 모르겠다 14.0%, 불공정하게 이루어져 왔다 71.9%로 응답하였다.

<표 4-15> 성별에 따른 근무성적평정에 대한 인식 비교

(단위: %, 명)

근무성적평정	응답문항	매우 공정	공정 한 편	잘 모름	불공정 한 편	매우 불공정	무응답
여성공무원에 대한 근무성적평정	남자	4.0(8)	44.1(89)	32.2(65)	17.3(35)	1.5(3)	0.5(1)
	여자	–	14.0(16)	14.0(16)	62.3(71)	9.6(11)	–
전체		2.5(8)	33.2(105)	25.6(81)	33.6(106)	4.4(14)	0.3(1)

남성들은 여성공무원에 대해 근무성적평정이 공정하게 이루어져 왔다고 생각하는 반면에 여성들은 불공정하게 이루어져 왔다는 응답비율이 높아 남녀공무원 간에 근무성적평정에 대한 인식의 차이를 보이고 있다. 그러나 전체적인 응답비율은 공정하게 이루어져 왔다와 그렇지 않다는 응답비율이 거의 비슷함을 보이고 있다(<표 4-15> 참조).

(4) 보직배치

여성공무원에 대한 보직배치가 공정하게 이루어져 왔다고 생각하는가에 대해서는 남성들은 공정하다 51.5%, 잘 모름 28.7%, 불공정하다 19.3%인 반면에 여성공무원들은 공정하다 23.7%, 잘 모름 11.4%, 불공정하다 64.0%로 응답하였다.

〈표 4-16〉 성별에 따른 보직배치의 공정성에 대한 인식 비교

(단위: %, 명)

보직배치	응답문항	매우 공정	공정한 편	잘 모름	불공정	매우 불공정	무응답
여성공무원에 대한 보직배치 공정성	남자	2.0(4)	49.5(100)	28.7(58)	17.3(35)	2.0(4)	0.5(1)
	여자	–	23.7(27)	11.4(13)	56.1(64)	7.9(9)	0.9(1)
전체		1.3(4)	40.2(127)	22.5(71)	31.3(99)	4.1(13)	0.6(2)

따라서 남녀공무원 간에 보직배치의 공정성에 대한 상당한 인식의 차이를 보이고 있다. 그러나 전체적인 응답비율은 공정하다와 그렇지 않다가 비슷한 비율을 나타냈다(<표 4-16> 참조).

(5) 교육훈련기회의 공정성

여성공무원에 대해 교육기회가 공정하게 이루어지고 있는가에 대한 질문에서 남성들은 공정하다 60.3%, 잘 모름 26.2%, 불공정하다 12.9%로 응답하였고, 여성공무원들은 공정하다 51.7%, 잘 모름 23.7%, 불공정하다 23.6%로 응답하여 남성들이 더 여성공무원에 대한 교육훈련기회가 공정하게 주어지고 있다고 인식하고 있다. 그러나 전체적으로 볼 때 남녀공무원 모두 교육훈련기회는 공정하게 주어져 왔다고 인식하는 것으로 나타났다(<표 4-17> 참조).

〈표 4-17〉 교육훈련기회의 공정성에 대한 인식 비교

(단위: %, 명)

교육훈련기회	응답문항	매우 공정	공정한 편	잘 모름	불공정	매우 불공정	무응답
여성공무원에 대한 교육훈련 기회의 공정성	남자	8.4(17)	51.9(105)	26.2(53)	11.9(24)	1.0(2)	0.5(1)
	여자	–	51.7(59)	23.7(27)	21.0(24)	2.6(3)	0.9(1)
전 체		5.4(17)	51.9(164)	25.3(80)	15.2(48)	1.6(5)	0.6(2)

3. 제도적 요인에 대한 개인특성별 인식 정도

제도적 측면에 대한 인식의 차이를 검증하기 위하여 개인적 변수들을 이용하여 분산분석과 교차분석을 실시하였다.

군가산점제도에 대한 분석의 결과, 성별은 여성공무원들이 연령은 적을수록, 직급은 낮을수록 군가산점제도가 여성의 공직임용에 불리한 영향을 미친다는 응답 평균이 높았고 이러한 차이는 통계적으로 유의미하게 나타났다. 그러므로 대체로 하위직 여성공무원이 이 제도가 여성의 공직임용에 불리한 영향을 미친다고 인식하는 정도가 높았다고 할 수 있는데 이는 당연한 결과라 하겠다. 군가산점제도는 5급 공채 시험합격 점수에는 적용되지 않고 7급과 9급 시험에만 적용되기 때문이라고 생각된다. 그러나 학력 간의 차이는 통계적으로 유의미하지 않은 것으로 나타났다.

여성채용목표제는 연령이 높을수록, 학력이 높을수록, 직급이 높을수록 응답평균이 높게 나타났으며, 통계적으로 유의미한 차이를 보였다. 학력이 높은 공무원은 남녀평등이나 바람직한 도덕성에 대한 의식이 강하여 이러한 응답결과가 나온 것으로 이해된다. 또한 연령의 경우에는 오랜 공직생활의 경험을 통해 남녀 간 능력이나 자질에 대한 편견에서 어느 정도 벗어난 결과라고 보인다. 그러나 성별은 남녀 간에 통계적으로 유의미한 차이가 없는 것으로 나타났다.

근무성적평정에서는 성별과 연령, 직급에 따라 차이가 있는 것으로 나타났다. 그러나 학력에 따라서는 근무성적평정에 차이가 나타나지 않았다. 연령이 적은 여성공무원일수록 근무성적평정에 불만이 많은 것으로 드러났다. 성별로 나누어 살펴보면, 남자공무원들은 52%가 여성공무원에 대한 근무성적평정이 공정하게 이루어지고 있다고 인식하는 반면에, 여성공무원들은 55.9%가 불공정하게 이루어지고 있다고 응답하였다. 이는 근무성적평정이 연공서열에 의한 역산평정과 정실에 의한 인사의 문제[76]라고 지적한 점과 근무성적평정자 대부분이 남자상사라는 점과 관련이 있겠다. 공직에서 근무한 평균 재직 기간이 여성보다는 남성이 길 뿐만 아니라 술자리 등 비공식적 모임도 많이 하기 때문에 근무성적평정이 여성에게 불리하게 적용되었으리라 생각된다. 또한 연령이 적은 여성공무원은 짧은 공직생활로 인하여 그동안 받아보지 못했던 불평등과 남성중심적인 조직문화에 적응하는 데 어려움이 있는 것으로 보이며, 공직 내부에서의 성평등 정도가 문제점을 지니고 있음을 시사한다고 하겠다.

보직배치에 대한 분석에서는 성별과 연령, 직급에 따라 유의미한 차이를 보이고 있으나 학력에서는 유의하지 않은 차이를 보이고 있다.

〈표 4-18a〉 제도적 요인에 대한 개인특성별 인식 정도

		군가산점제도				여성채용목표제			
		평균	표준편차	Chi-square	Sig.	평균	표준편차	Chi-square	Sig.
성별	남자	3.36	.82	90.283	.000	3.34	1.35	3.872	.568
	여자	3.98	.83			3.21	1.31		
연령	30세 미만	4.29	.78	80.220	.000	3.05	1.60	33.131	.033
	30-39세	3.99	.75			2.91	1.40		
	40-49세	3.29	.87			3.58	1.19		
	50세 이상	3.29	.57			3.31	1.30		
학력	고졸 이하	3.84	1.18	29.092	.086	2.84	1.43	33.878	.027
	전문대졸	3.18	.87			3.36	1.29		
	대학졸	3.62	.88			3.23	1.34		
	대학원졸	3.49	.75			3.55	1.26		

---

76) 강제상, 1998, "한국공무원들의 근무성적평정 인식에 관한 경로분석", 「한국행정연구」, 160쪽.

		군가산점제도				여성채용목표제			
		평균	표준편차	Chi-square	Sig.	평균	표준편차	Chi-square	Sig.
직급	7급	4.07	.58			2.58	1.69		
	6급	3.66	.91			3.30	1.19		
	5급	3.43	.98	67.983	.000	3.45	1.22	89.751	.000
	4급	3.39	.67			3.29	1.40		
	3급	3.50	.87			3.83	1.09		

		근무성적평정				보직배치			
		평균	표준편차	Chi-square	Sig.	평균	표준편차	Chi-square	Sig.
성별	남자	2.64	.89	84.537	.000	2.65	.87	59.510	.000
	여자	3.53	.87			3.32	.97		
연령	30세 미만	3.71	.46			3.71	.64		
	30-39세	3.17	1.01	47.553	.000	2.91	1.06	65.576	.000
	40-49세	2.79	.94			2.85	.88		
	50세 이상	2.63	.94			2.54	.92		
학력	고졸 이하	3.16	.94			3.71	.64		
	전문대졸	3.27	1.19	27.275	.128	2.91	1.06	22.386	.320
	대학졸	2.91	.94			2.85	.88		
	대학원졸	2.97	1.05			2.54	.92		
직급	7급	2.93	1.01			2.62	.94		
	6급	3.17	.96			3.04	1.03		
	5급	2.86	.98	50.876	.000	2.91	.86	50.174	.000
	4급	2.73	.90			2.93	.93		
	3급	3.13	1.03			2.71	1.16		

<표 4-18b> 제도적 요인에 대한 개인특성별 인식 정도

		교육훈련			
		평균	표준 편차	Chi-square	Sig.
성별	남자	2.43	.86	13.670	.018
	여자	2.71	.92		
연령	30세 미만	2.90	.77	175.651	.000
	30-39세	2.51	.94		
	40-49세	2.49	.85		
	50세 이상	2.40	.77		
학력	고졸 이하	2.48	.71	178.584	.000
	전문대졸	2.09	.94		
	대학졸	2.49	.84		
	대학원졸	2.63	.96		
직급	7급	2.20	.40	44.572	.001
	6급	2.62	1.07		
	5급	2.54	.81		
	4급	2.41	.89		
	3급	2.67	1.01		

성별로 나누어 살펴볼 때(<표 4-16> 참조), 남성들은 51.6%가 공정하게 이루어지고 있다고 응답한 반면, 여성들은 63.4%가 불공정하게 이루어지고 있다고 응답하여 상당한 인식의 차이를 보이고 있다(<표 4-18a> 참조). 실제로 남녀공무원들이 담당하는 보직실태를 비교해 보면, 여성공무원들에 비해 남성들이 핵심부서와 업무를 담당하고 있는 경향을 뚜렷이 보여주고 있다. 남성들은 대부분이 기획, 예산, 감사, 총무, 인사 등을 담당하고 있는 반면에 여성들은 여성관련 업무, 민원업무, 복지업무 등 한정된 업무를 많이 담당하고 있는 것이다. 그럼에도 불구하고 남자공무원의 경우에 공정하다는 응답이 많이 나온 것은 공직수행에서의 남성우월적 사고나 남녀 간 담당업무의 차

별성을 인정하는 태도에서 비롯되었다고 보인다.

교육훈련에 대한 분석에서, 성별, 연령, 학력, 직급 모두 유의미한 차이를 보이고 있다. 교육훈련에 대해서는 여성이면서 연령이 적고 학력이 높을수록 교육훈련의 공정성에 대해 부정적으로 인식하는 것으로 나타났다(<표 4-18b> 참조).

4. 제도적 변수군에 대한 회귀분석

관리직 여성공무원의 대표성에 대해 제도적 측면의 변수들이 어느 정도 영향을 미치는가에 대한 회귀분석 결과를 보면 다음과 같다. 군가산점제도, 여성채용목표제, 근무성적평정, 보직배치 4개의 변수들이 동시에 투입되어 종속변수의 전체 설명력이 19.7%(R^2)이었다. 회귀계수에 대한 분석에서는 군가산점제도, 여성채용목표제가 통계적으로 유의성을 가지고 있고($p < .05$), 보직배치, 근무성적평정, 교육훈련은 통계적으로 유의성이 없음이 확인되었다.

〈표 4-19〉 제도적 변수군에 대한 회귀분석

독립변수	관리직 여성공무원의 대표성		
	표준화된 계수(Beta)	T	Sig.
Constant		11.527	.000
군가산점제도	.272	4.997	.000
여성채용목표제	-.221	-4.227	.000
근무성적평정	.114	1.743	.082
보직배치	.019	.273	.785
교육훈련	.112	1.940	.053
R^2	.197		
F	15.228		

회귀계수의 상대적 중요도를 나타내는 표준화된 계수 Beta 값의 절대치를 보면, 군가산점제도가 가장 큰 요인임을 알 수 있다(4.997). 다음으로 여성채용목표제(4.227) 순으로 나타났다. 따라서 군가산점제도가 여성의 공직임용에 불리한 영향을 미친다고 인식할수록, 여성채용목표제가 여성의 공직임용에 유리한 영향을 미친다고 인식할수록, 관리직 여성공무원의 대표성을 낮게 인식하는 데 영향을 미치는 것으로 나타났다(<표 4-19> 참조).

제4절 변수(군) 간의 상대적 중요성

1. 계층회귀분석

개인적 변수군과 사회문화적 변수군 그리고 제도적 변수군의 상대적 비중 내지는 영향력을 비교하기 위하여 계층회귀분석을 사용하였다. <표 4-20>에서 나타나듯이, 관리직 여성공무원의 대표성을 제도적 요인이 19.7%를 설명하는 반면에 사회문화적 요인은 17.1%, 개인적 요인은 9.7%를 설명하고 있다. 그리고 세 요인의 변수군에 의한 설명력은 28.6%이다. 이를 세부적으로 살펴보면, 개인적 변수군만이 갖는 순효과는 2.3%(28.6-26.3)이며, 제도적 변수군의 순효과는 10.0%(28.6-18.6), 사회문화적 변수군만이 갖는 순효과는 6.6%(28.6-22.0)이다. 이러한 결과는 관리직 여성공무원의 대표성에 군가산점제도와 여성채용목표제와 같은 제도적인 요인이 사회문화적인 요인이나 개인적 요인보다 더 많은 영향을 미치고 있음을 보여준다.

<표 4-20> 변수군 간의 상대적 영향력

독립변수	R^2	F 비율
(1) 개인적 변수군	.097	8.322
(2) 제도적 변수군	.197	15.228
(3) 사회문화적 변수군	.171	16.085
(4) 전체 변수	.286	
(5) 개인적 변수군과 제도적 변수군	.220	
(6) 개인적 변수군과 사회문화적 변수군	.186	
(7) 제도적 변수군과 사회문화적 변수군	.263	
(8) 개인적 변수군의 순효과 ((4)-(7))	.023	
(9) 제도적 변수군의 순효과 ((4)-(6))	.100	
(10) 사회문화적변수군의 순효과 ((4)-(5))	.066	
(11) 세 변수군에 의한 공동효과 (4-(8+9+10))	.097	

세 변수군의 상호작용(interaction)에 의해 설명되는 공동효과는 9.7%로 각 변수군이 갖는 순효과 못지않게 영향을 미치고 있음을 알 수 있다. 이는 개인적 및 사회문화적 요인이나 제도적 요인의 독립적 영향 못지않게 세 요인 간의 상호작용에 의해서 관리직 여성공무원의 대표성 인식이 영향을 받고 있음을 의미한다. 그러므로 관리직 여성 공무원의 대표성을 확보하기 위해서는 개인적 및 사회문화적, 제도적 요인의 문제점들을 동시에 개선해 나가는 것이 중요함을 시사한다.

2. 다중회귀분석

독립변수들 간의 상대적 영향력은 다중회귀모형에서 각 변수가 갖는 회귀계수(regression coefficients)의 크기를 통해 그 비교가 가능하다. 회귀계수의 신뢰성과 통계적 유의성을 확보하여 보다 유의미한 독립변수를 선정하기 위하여 Backward 입력방식의 다중회귀분석을 실시한 결과 11개 이상의 변수가 회귀모형에 포함되었을 경우 조정된 (adjusted) R^2가 거의 증가하지 않거나 오히려 감소되었다. 이것은 10개 이외의 변수는 종속변수에 대해 유의미한 효과를 가지지 못함을 뜻한다고 할 수 있겠다(<표 4-21> 참조).

<표 4-21> 다중회귀분석 Backward입력방식 결과

모델	R-square	Adjusted R-square	모델에 추가된 변수
1	.287	.257	모델2번 변수에 보직배치 추가
2	.287	.259	모델3번 변수에 성별 추가
3	.287	.261	모델4번 변수에 근무성적평정 추가
4	.286	.262	모델5번 변수에 업무의 적합성 추가
5	.283	.262	모델6번 변수에 학력 추가
6	.278	.259	모델7번 변수에 직급 추가
7	.274	.258	모델8번 변수에 연령 추가
8	.269	.255	성별 직무수행 능력, 교육훈련제도, 여성채용목표제, 여성인력에 대한 조직풍토, 군가산점제도, 성역할에 대한 인식

앞의 분석절차를 걸쳐 가장 적절하다고 판단되는 최종적인 회귀모형을 결정하였다. 거기에는 연령, 학력, 직급, 성별, 직무수행 능력, 여성인력에 대한 조직풍토, 업무의 적합성, 군가산점제도, 여성채용목표제, 교육훈련 10개의 변수가 포함되었다.

<표 4-22>는 다중회귀 분석결과를 보여주고 있는데, 위의 변수들 중 개인적 변수군에서는 유의미한 영향을 미치는 변수가 없었다. 사회문화적 변수군은 성역할에 대한 인식과 여성인력에 대한 조직풍토, 성별 직무수행 능력 3개의 변수가 그리고 제도적 변수군에는 군가산점제도, 여성채용목표제, 교육훈련 3개의 변수가 각각 유의미한 영향을 미치는 것으로 나타났다. 그리고 회귀계수의 절대치를 나타내는 표준화

된 계수 Beta 값의 절대치를 비교해 볼 때, 변수들의 영향력의 크기는 성역할에 대한 인식 > 여성채용목표제 > 군가산점제도 > 여성인력에 대한 조직풍토 > 성별 직무수행 능력 > 교육훈련의 순이었다.

성역할에 대한 인식은 관리직 여성공무원의 대표성에 가장 큰 영향을 미치는 것으로 나타났는데, 이는 우리나라의 가부장적이고 권위적이며 남성우선주의 문화와 연관이 있다고 생각된다. 특히 권위주의적 특징을 상징하는 공직은 남성중심적인 조직이라는 인식이 보편화되어 있을 뿐만 아니라 여성은 '가정을 책임져야 한다'는 인식이 사회에 팽배해 있는 결과라 하겠다.

여성채용목표제도 관리직 여성공무원의 대표성 인식에 영향을 미치는 것으로 나타났다. 이 제도는 현재 소수인 여성공무원의 수를 확대시키기 위한 잠정적 여성우대조치로서 관리직 여성공무원의 대표성 확보에 가장 큰 정(+)의 효과를 미친다고 인식하는 것으로 나타났다. 군가산점제도도 관리직 여성공무원의 대표성에 부(−)의 영향을 미쳤는데, 이 제도는 오래전부터 많은 논란을 야기하여 왔다. 군복무를 마친 남성에게 사회기여에 대한 보상으로 공무원 채용 시 가산점을 준다는 긍정적인 면도 가지고 있었지만 우리나라와 같이 여성의 취업이 너무나 힘든 상황에서, 남성에게 가산의 정도가 높은 혜택을 줌으로써 많은 여성들이 공직으로의 진입에 어려움이 있었다. 특히 공직에서 관리직으로 진출하기 위해서는 적어도 7급 이상으로 들어와야 하는데, 군가산점제도가 7급에 적용되기 때문에 여성들의 공직 진출 숫자를 줄여 왔으며, 7급에서 여성의 숫자 부족은 관리직으로 이어져 관리직 여성공무원의 과소대표성을 낳는다. 여성인력에 대한 조직풍토 변수도 관리직 여성공무원의 대표성에 영향을 미치고 있는데, 이는 성역할에 대한 인식 변수와 비슷한 맥락에서 해석된다.

<표 4-22> 관리직 여성공무원의 대표성에 관한 회귀분석

변 수	표준화된 계수(Beta)	T	Sig.
Constant		9.756	.000
개인적 변수군			
연 령	.130	1.962	.051
학 력	.076	1.446	.149
직 급	.102	1.608	.109
사회문화적 변수군			
성역할에 대한 인식	.283	4.707	.000
여성인력에 대한 조직풍토	.141	2.744	.006
성별 직무수행 능력	.127	2.191	.029
제도적 변수군			
군가산점제도	.202	3.797	.000
여성채용목표제	−.206	−4.104	.000
교육훈련	.102	2.024	.044
R^2		.286	
F		12.206	

성별 직무수행 능력도 통계적으로 관리직 여성공무원의 대표성에 유의미한 영향을 미쳤다. 다시 말해서 남성의 능력과 여성의 그것이 차이가 없음에도 불구하고 남성의 능력을 더 신뢰하여 관리직 여성공무원의 대표성에 영향을 미치는 것으로 나타났다. 여성공무원에 대한 교육훈련의 공정성에 대해 부정적으로 인식하는 공무원일수록 관리직 여성공무원의 대표성을 낮게 인식하는 것으로 나왔다. 해외교육훈련의 경우 여성공무원은 여러 가지 여건 때문에 교육훈련기회를 선택할 수 없거나 또는 남성 우선적으로 실시되는 경우가 많은데 이럴 경우 근무성적평정에서 낮은 점수를 받게 되어 관리직 진출에 방해가 된

다. 이러한 상황의 반복은 여성공무원에게 교육훈련기회를 불공정하게 받아들이게 하고 관리직 여성공무원의 대표성에 영향을 미치는 요인으로 인식하게 만드는 것이다.

반면에 연령, 학력, 직급, 업무의 적합성 변수들은 통계적으로 유의미한 영향을 미치지 못하는 것으로 나타났다(<표 4-22> 참조).

결론 및 시사점

제 V 장

제1절 요 약

우리나라의 여성공무원의 수는 전반적인 사회분위기의 변화, 여성 경제활동인구의 증가와 고학력화, 공무원시험에서의 남녀구분 철폐, 여성채용목표제 실시 등의 영향으로 인해 지속적으로 증가하여 왔으며, 지금은 전체 공무원의 4분의 1 정도를 차지하고 있다. 그러나 대부분의 여성공무원이 하위직에 편중되어 있는 반면, 5급 이상 관리직 여성공무원의 비율은 3%에도 채 미치지 못하고 있다. 즉 관리직 여성공무원의 소극적 대표성은 아직 크게 미흡한 수준인 것이다.

이러한 과소대표성은 우선 우수한 여성의 공직 진출 의욕뿐만 아니라 현직 여성공무원의 승진을 위한 자기개발 노력에도 하나의 장애요소로 등장한다. 나아가서는 5급 이상 공무원이 정책결정에 참여하는 점을 감안할 때 관리직 여성공무원의 수적 부족은 국가 정책결정에서

성적 균형을 유지할 수 없을뿐더러 여성들의 요구를 반영하기 어렵다는 한계를 안고 있다. 따라서 관리직 여성공무원의 과소대표성과 관련된 원인을 파악하고, 이를 통해 대표성 제고를 위한 정책적 방안을 모색할 필요가 있을 것이다.

이런 인식하에 본 연구에서는 관리직 여성공무원의 대표성에 영향을 미치는 요인들을 체계적으로 규명하는 데 기본 목적을 두었다. 그리고 대표성 정도를 설명하는 변수로서는 개인적, 사회문화적, 제도적 요인의 세 변수군에 총 13개의 개별변수들이 포함되었다. 중앙부처의 7급 이상 공무원에 대한 설문조사를 통해 실시된 본 연구는 그 분석을 위해 빈도분석, 분산분석, 계층회귀분석, 다중회귀분석 등 다양한 기법을 사용하였다.

본 연구의 주요 분석결과를 요약하면 다음과 같다. 개인적 변수군에서는 관리직 여성공무원의 대표성에 영향을 미치는 변수가 없었으며, 사회문화적 변수군은 성역할에 대한 인식과 여성인력에 대한 조직풍토 그리고 성별 직무수행 능력이 유의미한 영향을 미쳤다. 사회문화적 측면의 변수군만 이용한 분석에서도 업무의 적합성을 제외한 세 변수가 모두 유의미한 영향을 미치는 것으로 나타났으며, 다른 변수군을 동시에 투입하였을 때에도 똑같은 결과를 보였다. 그러므로 사회문화적 측면의 변수군은 그 자체만으로도 관리직 여성공무원의 과소대표성에 큰 영향을 미치면서 다른 변수군들에게도 영향을 주고 있음을 알 수 있다.

사회문화적 변수군에서 유의미한 영향을 미친 개별 변수들을 살펴보면 다음과 같다. 먼저 성역할에 대한 인식이 강할수록 남성과 여성의 역할에 대한 고정관념을 갖는 것으로 나타났다. 성역할에 대한 인식은 여성공무원보다는 남성공무원이 더 강하게 긍정하는 비율이 높았으며, 이에 대한 강한 인식이 여성공무원들의 관리직 진출에 부정적인 영향을 미치고 있었다. 여성인력에 대한 조직풍토도 관리직 여성공무원의 대표성에 영향을 미쳤다. 여성과 함께 일하는 것에 불편을 느낀다면 여성을 한직에 배치하거나 여성관련 업무에 한정시키는 결과를 가져올 수 있다. 이러한 결과가 지속될 경우 남성과 여성에 대한 성별직종분리가 자연스럽게 이루어지고 남성은 중요하고 비중있는 업무에 전문가처럼 인식되고 여성은 그렇지 못한 인식이 고정되는 것이다. 이 또한 관리직 여성공무원의 대표성에 좋지 못한 영향을 미치고 있는 것이다.

또한 여성상관에 익숙하지 않은 조직문화가 관리직으로의 여성 진출을 어렵게 하는 요인으로 작용하였다. 또한 여자동료나 부하에 대해서도 마찬가지로 나타났다. 여자상관은 전에 모셔 본 경험이 없기 때문에 불편해서, 동료나 부하에 대해서는 직무능력이 남자보다 떨어지거나 야근출장 복무의 어려움, 가사로 인한 업무소홀을 이유로 불편하다고 지적하였다. 그러나 이러한 지적은 여성들의 평가와 큰 괴리가[77] 있는 것으로 나타났다. 여성공무원들이 현 직무를 수행하는 데 가장 어려운 점에 대해서는 여성에 대한 편견을 꼽고 있는 것을 볼 때, 위 내용과 무관하지 않은 것으로 볼 수 있다.

성별 직무수행 능력은 남성역할의 우월성과 주도성을 강조하여 남성의 역할을 여자의 역할보다 더 중시하는 것으로 공직에서도 남녀공무원 간에 인식되고 있다. 성별에 따른 차이를 볼 때, 남성은 55.9%가 남성의 능력을 더 인정하고 있었고 비슷하다고 보는 비율은 42.0%였다. 그러나 여성은 78.9%가 남녀가 비슷하다고 보았다. 이는 중요한 일은 남자에게 맡겨야 한다는 남성중심적 사고로 인하여 남녀가 같은 일을 하더라도 여성의 일이 평가절하당하고 있음을 시사한다. 이러한 조직에서는 여성의 능력과 자질을 충분히 발휘할 수 있는 기회를 사전에 박탈하고 여성이 관리직으로 진출하는 것을 인정하려

---

77) 김영옥, 1997, 「공기업 여성고용 구조와 인력관리의 현황 및 과제」, 한국여성개발원, 136−138쪽.

하지 않는다. 따라서 공직에서 성별에 따라 직무수행 능력을 고정화된 인식으로 바라보는 시각도 여성의 관리직 진출을 어렵게 하는 요인이었다.

둘째, 제도적 요인에서 관리직 여성공무원의 대표성에 영향을 미친 요인을 살펴보면, 군가산점제도와 여성채용할당제, 교육훈련이 유의한 영향을 미쳤다. 군가산점제도는 관리직 여성공무원의 대표성에 영향을 미치고 있는 요인이었는데 군복무의 기회가 없는 여성들로서는 시험의 가산점이 너무 크기 때문에 합리적인 차별의 정신에 어긋난다는 지적을 하였다.78) 이 제도는 그동안 여성단체로부터 많은 논란을 야기했고, 여성들의 공직임용에 불리한 영향을 미쳐 왔다는 점을 감안할 때, 채용과정에서의 불평등은 결과적으로 전체 공무원의 직급별 성비불균형을 초래하여 관리직에의 여성 진출을 어렵게 하는 요인으로 인식되고 있었다. 이 제도의 분석결과에 따르면, 관리직 여성공무원의 대표성에 부정적인 영향을 미쳐 왔음을 감안할 때 1999년 12월 23일 헌법재판소로부터의 위헌 판결은 관리직 여성공무원의 대표성을 확보하기 위해서는 적절한 판결이었다고 생각된다.

여성채용할당제도도 관리직 여성공무원의 대표성에 영향을 미치는 요인이었다. 이 제도는 소수인 여성공무원의 수적 확대를 위한 잠정적 우대조치로서 여성공무원이 일정 비율 확보되면 해지되는 것이다. 이 제도의 실시결과로 관리직 여성공무원의 수가 확대되었기 때문에 공무원들 사이에서 대표성에 영향을 미치는 요인으로 인식되고 있다. 그러나 보직배치나 근무성적평정은 성별에 따른 관리직 여성공무원의 대표성 인식 정도에서는 유의한 결과를 나타냈으나 다른 변수군을 동시에 투입하였을 때는 그렇지 못하였다. 한편, 선행 연구들이 근무성적평정과 보직배치에서 여성차별이 존재하여 관리직 여성공무원의 과

---

78) 이욱한, 1998, "제대군인 지원에 관한 법상 가산점 규정의 위헌성", 「여성특별위원회 소식」, 제2호, 10−13쪽.; 김복규, 1999a, 앞의 글, 6쪽.

소대표성에 영향을 미친다고 주장하였다. 본 연구에서도 근무성적평정과 보직배치에서 성별에 따른 차이를 분석하였을 때는 유의한 결과가 나왔으나 다른 변수군과 동시에 투입했을 때는 그렇지 못하였다. 이는 개인적 측면의 변수군과 사회문화적 변수군이 동시에 맞물렸을 때는 보직배치나 근무성적평정보다는 군가산점제도나 여성채용할당제가 강하게 관리직 여성공무원의 과소대표성에 영향을 미치고 있음을 알 수 있었다.

교육훈련에 대한 공정성 여부도 관리직 여성공무원의 대표성에 영향을 미치고 있는데 현행 교육훈련에서 받은 훈련성적이 인사관리에 반영되고 있다. 여성공무원들은 교육훈련이 남성중심적으로 이루어지거나 교육훈련을 받을 만한 여건이 조성되어 있지 않아서 타의 건 자의 건 불공정하게 이루어지고 있다고 인식하고 있었다. 교육훈련 점수가 승진에 반영된다는 점에서 직접적으로는 아니더라도 관리직 여성공무원의 대표성에 영향을 미치고 있음을 알 수 있다.

그리고 관리직 여성공무원의 대표성에 영향을 미치는 개별 변수군의 영향 정도를 보면 성역할에 대한 인식 > 여성채용목표제 > 군가산점제도 > 여성인력에 대한 조직풍토 > 성별 직무수행 능력 > 교육훈련 순이었다. 또한 관리직 여성공무원의 대표성에 가장 많은 영향을 미치는 변수군은 제도적 측면이었고, 그다음이 사회문화적 측면, 개인적 측면의 순으로 나타났다. 계층회귀분석의 결과 각 변수군이 갖는 순효과 못지않게 그들 사이의 공동효과도 대표성에 어느 정도 영향을 미치고 있음을 알 수 있었다. 이는 관리직 여성공무원의 대표성을 확보하기 위해서는 어느 특정한 정책에 치중하기보다는 개인적, 사회문화적, 제도적 변수군에 관련된 요인들을 동시에 개선해 나가려는 노력이 필요함을 시사한다.

제2절 이론적 및 정책적 시사점

본 연구가 지닌 이론적 및 정책적 시사점을 논의하면 다음과 같다. 먼저 본 연구에서는 관리직 여성공무원의 대표성에 영향을 미치는 요인을 체계적으로 규명해 보고자 하였다. 기존의 연구가 관리직 여성공무원의 대표성 정도를 기술적으로 설명하거나 그 원인을 단편적으로 지적하고 있다는 점에서 대표성에 관한 영향요인의 상대적 중요성을 분석한 본 연구는 나름대로 의의가 있다고 보인다. 아울러 본 연구에서 제시된 분석틀은 앞으로의 관련 연구에 하나의 방향성을 제시하고 있으며, 또한 연구결과의 비교 분석을 통해 이론적 일반화에도 부분적으로나마 기여할 수 있을 것이라 기대된다.

한편, 본 연구의 분석결과를 토대로 관리직 여성공무원의 대표성을 확보하기 위한 정책적 대안을 모색해 보면 다음과 같다.[79] 우선적으로 여성채용목표제를 지금보다 확대 실시하여야 할 것이다. 서론에서 지적했듯이, 유엔은 1980년대 초부터 세계 각국에 정치, 행정들 모든 분야에서 여성의 대표성이 30%는 되어야 한다고 권고해 왔다. 이는 조직에서 한 집단이 정책결정에 유의미한 영향력을 행사하기 위해서는 30% 이상의 구성원을 확보해야 함을 시사한다. 그러나 현재 우리나라 관리직 여성공무원의 대표성 확보 비율은 3% 미만으로 저조하다.

이와 관련하여 본 연구에서는 여성채용목표제의 바람직한 비율에 대한 공무원의 의견을 추가적으로 물어보았다. 그 결과를 보면, 남성은 10-19%가 적당하다고 응답한 비율이 가장 높은 반면, 여성은 30

---

79) 참고로 앞으로 관리직 여성공무원의 대표성이 어느 정도 되어야 한다고 생각하십니까, 라는 질문에 대하여 남성은 현재 수준유지나 조금 더 높아져야 한다는 응답이 48.4%로 가장 많았던 반면에 여성은 훨씬 더 높아져야 한다고 응답이 86.1%로 가장 많았다.

-39%가 가장 많았다. 즉 남성은 현재의 20% 이하에서 적용해야 한다고 주장하는 데 비해, 여성은 현재 비율보다 더 높아져야 한다고 생각하고 있었다. 이는 각자의 이해관계에 따른 당연한 응답결과라고 보인다. 그러나 여성의 사회진출 확대라는 시대적 추세와 정부의 정책방향을 감안할 때 2002년까지 한시적인 이 제도의 적용 기간을 좀 더 확대하고, 가능하다면 일정 기간이나마 5급 이상 채용목표율을 현재의 20%에서 높여야 할 것이다. 이를 위해 정부는 관리직 여성공무원의 대표성 확대를 위한 목표의 설정 및 추진일정(timetables)의 제시를 구체화할 필요가 있다.

그런데 여성채용목표제의 확대 실시에도 불구하고 조직의 인사관리에서 여성공무원이 계속 불이익을 받을 경우 그들의 관리직 진출은 여전히 제한적일 수밖에 없을 것이다. 기존의 연구들은 여성공무원이 특히 승진과정에 있어서 여러 불이익을 받는 것으로 지적하였다. 같은 맥락에서 본 연구에서 승진가능성에 관한 추가적인 질문을 하였을 때, 남성공무원은 높다가 32.8%, 낮다가 17.0%인 데 비하여 여성공무원은 11.8%가 높다, 31.2%가 낮다고 각각 응답하여 그들 간에 상당한 인식의 차이가 있음을 알 수 있었다. 따라서 여성공무원이 각 관리직급마다 골고루 분포되기 위해서는 여성채용목표제의 확대 실시뿐만 아니라 승진단계에서의 대표성 확보를 위한 정책방안의 모색도 필요할 것이다.

이를 위해 하나의 적극적인 인사조치로서 여성공무원에 대한 승진할당제의 도입을 생각해 볼 수 있다. 본 연구에서 승진할당제의 필요성에 대한 추가적 질문을 하였는데, 남자는 필요하다 18.8%, 불필요하다 43.1%이었으며, 여성은 필요하다 53.7%, 불필요하다 10.7%로 각각 응답하였다. 상대적으로 승진에 있어 불이익을 받고 있다고 인식하는 여성공무원들과는 달리 남자들은 소극적인 반응을 보였다. 특히 승진적체에 따른 불만감이 큰 공직사회의 현실을 감안할 때 승진할당제에 대한 저항이 예상되기도 한다. 그러나 승진할당제는 그동안 여성공무원들이 승진에 있어 불공정한 대우를 받았다는 점을 감안할 때 과거에 대한 보상적 의미가 있으며, 또한 젊고 유능한 여성공무원들의 자기개발 노력을 촉진한다는 긍정적 측면도 존재한다. 아울러 제도의 한시적 도입, 할당비율의 점진적 확대 등과 같은 합리적 대안모색과 그 당위성에 대한 적극적 홍보노력을 행한다면 승진할당제의 실현가능성 또한 높다고 보인다. 다만 승진할당제와 같은 한시적 정책에 못지않게 중장기적으로는 보직배치, 교육훈련, 승진심사 등의 인사관리에 있어서 공정성을 제고하는 일도 무척 중요할 것이다.

군가산점제도의 경우 그동안 여성의 공직임용에 미친 부정적인 영향 때문에 헌법재판소가 이를 위헌이라고 판결하였다. 그럼에도 불구하고 여당은 위헌결정이 난 이 제도를 국가봉사경력 가점제도라는 명칭하에 유지한다는 등 여전히 논란의 여지를 남겨 두고 있다. 군가산점제도에 대한 찬반을 묻는 질문에서 남성공무원들은 찬성 76.3%, 반대 8.1%인 반면에 여성공무원들은 찬성 23.7%, 반대 41.9%의 응답을 보였다. 일반적 인식과는 달리 여성공무원의 경우 반대의 정도가 높지 않았다. 이러한 결과는 군복무가 모든 국민에게 봉사하는 공익적 성격을 갖고 그 대가로 가산점을 부여해 준다는 제도의 원래 취지에 여성공무원들이 어느 정도 공감하기 때문이라고 보이기도 한다. 그러나 다른 한편으로는 응답자의 경우 현직 공무원이기 때문에 앞으로 공직에 진출하려는 일반 여성과는 다른 반응을 보였다는 해석도 가능하다. 군가산점제도가 공무원 채용에 있어 상당한 영향력을 미치는 현실을 고려하여 이를 헌법재판소의 판결대로 폐지하거나 아니면 수정을 기할 필요가 있다. 후자의 경우 여성에 대한 피해를 최소화하는 방향에서 시험의 합격에 크게 영향을 미치지 않는 수준으로 가산점을 낮추거나 수혜범위를 제한하는 것 등을 고려해 볼 만하다. 또한 만점에 대한 일정비율이 아니라 본인이 얻은 점수의 일정비율을 가산해 주는 방안도 생각해 볼 수 있다.

또한 여성공무원에 대한 교육훈련 기회도 확대해 나가야 할 것이다. 여성공무원들은 남성들보다 교육훈련기회가 적어 능력개발기회가 충분하지 않다고 인식하고 있다. 한국여성개발원의 연구에 의하면 여성공무원들은 자신의 직무능력향상을 위한 교육수요가 매우 높은 것으로 나타났다. 구체적으로 요구하는 교육내용을 보면 직급에 상관없이 기초적인 직무능력향상 훈련보다는 전문지식·기술훈련, 창의·기획력 향상훈련 등 전문적인 직무개발과정에 대한 훈련요구가 남성 못지않아 전문적인 직무개발에 관한 관심과 교육요구가 높은 것으로 나타났다[80]. 이러한 문제는 공기업 여성에게만 한정된 것이 아니라 공직에서도 비슷하리라 여겨진다. 따라서 다양한 교육훈련 기회에서 여성을 배제하지 않음은 물론 여성을 우선 배려하는 조치도 일정 기간 필요할 것으로 생각된다. 특히 해외 유학 시 일정 쿼터를 배분하는 방안도 생각해 볼 수 있으며 6급 이하 여성공무원에게 해외연수 프로그램을 확대하여 교육에 대한 기회를 주어야 할 것이다. 6급은 관리직 공무원이 될 예비인력들이므로 장기적인 차원에서 인력관리를 할 필요가 있다. 아울러 여성공무원들을 대상으로 한 리더십 개발 프로그램을 보다 확대하여 중하위직부터 리더십을 함양하여 관리직으로까지 진출할 수 있는 능력개발 기회를 부여해야 할 것이다.

교육훈련은 내부인력에 대한 투자를 의미한다. 교육훈련투자의 수익은 업무수행의 생산성으로 이어질 때 실현되는 것이니만큼 여성에 대한 교육훈련 기회를 양과 질적으로 확대하는 문제는 여성의 직무확대와 직결될 수 있고 장기적으로 조직의 효율성 향상에 도움을 줄 것이다.

위에서 언급한 정책대안의 수행에 있어 하나 유의할 점은 관리직

---

80) 한국여성개발원, 1997, 「공기업 여성고용 구조와 인력관리의 현황 및 과제」, '97 연구보고서, 119-120쪽.

여성공무원의 대표성이 확보되기 위해서는 인사제도적 조치 못지않게 사회문화적 요인의 개선에 대한 노력도 병행되어야 한다는 점이다, 제도적 측면은 개선되었으나 사회문화적인 인식이 여전히 남성중심적일 경우 그 제도는 형식화될 위험성을 안고 있기 때문이다. 본 연구의 결과가 보여주듯이, 남성공무원들은 여전히 보수적 성향을 강하게 띠고 있었다. 따라서 여성공무원들에 대한 그들의 인식전환이 필요한데, 이의 출발점은 남성중심적으로 고착된 관점으로부터 탈피하는 데 있다. 남성중심적 구조의 유지나 여성의 역할을 경제활동보다 가사의 가치로 인정하려 한다든지 직장에서는 남성의 보조적 역할로 규정하려 하는 등의 사고에 전환이 있어야 하겠다. 이를 위해서는 남성공무원들의 의식변화를 위한 보다 실효성 있는 교육프로그램을 개발하여 실시할 필요가 있을 것이다.

끝으로 본 연구는 대표성의 원인분석을 위해 남녀공무원들의 인식을 활용하였다는 한계를 안고 있다. 즉 관리직 여성공무원의 대표성에 영향을 미치는 요인을 객관적 자료를 통해 분석한 것이 아니라 공무원들의 각 독립변수에 대한 인식의 정도가 관리직 여성공무원의 대표성을 인식하는 정도에 영향을 미칠 것이라는 주관적 인식방법을 사용한 것이다. 그럼에도 불구하고 사회과학의 문제들은 대부분이 자연과학에서처럼 직접적인 원인을 밝히기에는 한계가 있기 때문에 그 문제를 바라보는 사람들의 인식을 통하여 분석하는 것도 하나의 대안이 될 수 있으리라는 점에서 의미를 찾고자 한다. 앞으로는 보다 세련된 분석방법을 통해 이 주제에 접근할 수 있기를 기대해 본다.

▌참고문헌

Ⅰ. 학회지 및 연구보고서

강제상(1998), "한국 공무원들의 근무성적평정 인식에 관한 경로분석", 「한국
행정연구」, 제7권 제4호.

권영자(1995), "한국의 여성정책에 관한 연구", 「여성연구」, 1995 / 여름 한국여
성개발연구원.

김미경(1999a), "여성정책과 정부역할의 변화", 「정부와 여성참여」, 한국행정학
회 2000년도 기획세미나 · 국제포럼 논문발표집.

김미경(1999b), "차별적 여성고용의 위기와 정부역할의 모색", 「한국정책학회
보」, 제8권 제1호.

김민정(1997), "한국의 정책결정과정과 여성의 정치참여", 「여의도 정책논단」,
No.14 여의도 연구소.

김복규(1996), "대구시 여성공무원의 실태분석", 「한국행정논집」, 제8권 제1호.

김복규(1998), "지방공무원의 효율적 관리방안", 「한국행정연구」, 제7권 제1호.

김복규(1999a), "지방여성공무원의 고용실태와 평등고용촉진에 관한 연구", 「한
국행정학보」, 제33권 제2호.

김복규(1999b), "우리나라 여성정책의 변화와 발전과제", 「정부와 여성참여」, 한
국행정학회 2000년도 기획세미나 · 국제포럼 논문발표집.

김선욱(1995), "여성공무원의 평등고용실현과 인사행정과제", 「여성연구」, 1995 /
여름 한국여성개발연구원.

김양희(1995), "여성지위의 실질적 향상을 저해하는 심리기제 ―남녀 간 경제적
권리의식 및 커리어 의식을 중심으로―", 「여성연구」, 한국여성개발연
구원.

김양희 외(1996), 「대중매체의 여성차별지표개발」, 한국여성개발원 '96 연구보고서.

김애령(1999), "지방정부 여성정책담당관의 역할과 과제", 「정부와 여성참여」, 한국행정학회 2000년도 기획세미나 · 국제포럼 논문발표집.

김원홍(2000), "여성공무원의 평등실현 촉진방안 ― 외국 사례를 중심으로 ―", 한국행정학회 인사행정연구회 2000년도 춘계학술세미나 발표논문집.

김태홍(1996), "성별 인력수급전망과 고학력 여성인력의 양성방안", 「여성연구」, 한국여성개발연구원.

김태홍(1999), "여성관리자와 승진결정요인 분석", 「여성연구」, 한국여성개발연구원.

김판석 외(1998), "고위공무원단제도 도입과 활용방안 모색 ― 중앙정부관리자들의 고위공무원단제도에 대한 의식조사를 중심으로 ―", 「한국행정연구」, 제7권 제4호.

김판석 외(1999), "관리직 여성공무원 육성을 위한 21가지 정책방안", 「정부와 여성참여」, 한국행정학회 2000년도 기획세미나 · 국제포럼 논문발표집.

김호섭(1997), "업무가치를 통하여 본 공무원의 사익 구조와 상관 변수", 「한국행정학보」, 제31권 제4호.

권경득(1999), "공직인사상의 여성차별 실태와 개선방안", 「정부와 여성참여」, 한국행정학회 2000년도 기획세미나 · 국제포럼 논문발표집.

남인숙(1992), 「대구지역 여성의 정치 · 사회 여성의식에 관한 연구」, 한국여성개발원.

노순규(1995), "기업 내 여성근로자의 조직몰입에 관한 연구", 「여성연구」, 1995 / 봄, 한국여성개발원.

박경효(1993), "한국관료제의 지역대표성 제고를 위한 정책방향", 「한국행정학보」, 제27권 제3호.

박숙자(1993), 「공무원직에서의 성차별적 고용관행에 관한 연구」, 여성단체협의회.

박승용(1994), "관료제의 책임성 확보방안에 관한 연구", 「중앙행정논집」 Vol.8, 중앙대학교 부설 행정문제연구소.

박영미(1999), "고위여성공무원의 보직실태와 정책결정", 「정부와 여성참여」, 한국행정학회 2000년도 기획세미나 · 국제포럼 논문발표집.

박천오 외(1999), "공무원의 성별 직무관련태도 차이에 관한 조사연구: 지방공무원을 중심으로", 「정부와 여성참여」, 한국행정학회 2000년도 기획세미나 · 국제포럼 논문발표집.

박혜자(1999), "여성의 정치사회 참여와 새 시대의 역할", 「정부와 여성참여」, 한국행정학회 2000년도 기획세미나·국제포럼 논문발표집.

송계충 외(1990), "한국여성관리자의 경력개발의 장애요인과 그 극복방안", 「인사관리연구」, 제14집, 한국인사관리학회.

양승주(1996), "신인사제도와 여성인력의 과제", 「여성연구」, 한국여성개발연구원.

양형일 외(1993), "사회적 형평과 국가통합을 위한 대표관료제의 접근", 「한국행정학보」, 제27권 제2호.

여성특별위원회(1998), 「여성백서」.

오미덕(1997), "고용안정, 고용평등 확대를 위한 정책과제", 광주여노 97년 10월 고용평등의 달 기념토론회 자료집.

오석홍(1994), "대표관료제에 관한 연구", 「행정논총」, 서울대학교 행정대학원.

이기종(1996), "대표관료제의 제이론과 논쟁점에 관한 검토", 「행정문제연구」, Vol.3 No.1, 경희대학교부설 행정문제연구소.

이선우(1997), "공무원 실적평가제도 개선방향", 「한국행정연구」, 제6권 제3호.

이은재(1994), "지방자치실시에 따른 여성공무원의 발전방향", 「행정연구」, 제18집 건국대학교 행정문제연구소.

이주희(1999), "성차별 분쟁조정기구의 국제비교", 「정부와 여성참여」, 한국행정학 2000년도 기획세미나·국제포럼 논문발표집.

장하진(1993), "여성공무원의 직무현황과 직업의식에 관한 연구", 「여성연구」, 한국여성개발연구원.

장혜경(1997). "직장 내 성차별관행과 인식실태 조사 및 교재개발", 「여성연구」, 한국여성개발연구원.

조순경(1994). "노동시장에서의 성차별 극복방안", 「전국여성회의 1차연도 보고서」, 한국여성개발원.

조우철(1999). "중앙정부의 여성정책담당기구의 기능에 관한 역할", 「정부와 여성참여」, 한국행정학회 2000년도 기획세미나·국제포럼 논문발표집.

조 은(1994). "노동시장에서의 불평등의 실태—공공부문 및 대기업을 중심으로", 전국여성회의 1차 연도 보고서」한국여성개발원.

하태권(1995), "지방공무원의 임용실태와 개선방안", 「한국행정연구」.

한국여성개발원(1997), 「공기업 여성고용 구조와 인력관리의 현황 및 과제」,

’97연구보고서.

한국여성개발원(1999a), 「공무원의 남녀평등의식교육 프로그램」, 미간행물.

한국여성개발원(1999b), 「여성공무원 보직실태와 개선방안」, ’99연구보고서.

한국여성개발원(1999c). 「여성과 리더십」, 교육자료 300-21.

2. 학위논문

강길봉(1995), “대표성관료제의 적실성에 관한 연구 ―한국 정치문화와 행정
    문화의 주요정향을 중심으로―”, 단국대학교 대학원 박사학위논문.

김상호(1997), “관리직 경찰공무원의 대표성에 관한 연구”, 서울대대학원 석사
    학위논문.

김윤수(1993), “관리직 여성공무원의 조직적응에 관한 연구”, 서울대행정대학원
    석사학위논문.

김혜련(1996), “여성공무원의 인사운영실태와 개선방안: 중앙부처를 중심으로”,
    한양대학교 행정대학원 석사학위논문.

이상원(1991), “한국의 지역불균형에 관한 연구”, 한양대 대학원 석사학위논문.

이유준(1992), “근무성적평정요소의 선정에 관한 연구”, 서울대 대학원 석사학
    위논문.

조선일(1986), “한국대표관료제의 분석”, 건국대 대학원 박사학위논문.

하영숙(1996), “여성공무원의 역할갈등 분석”, 영남대 석사학위논문.

3. 기타 문헌 및 단행본

김공필(1998), “여성공무원 그들은 누구인가”, 「지방행정」, Vol.47 No.535 대한
    지방행정공제회.

이은재(1995), “여성공무원의 실태변화”, 「지방행정」, Vol.44 No.502 대한지방

　　　행정공제회.

이은재(1998). "여성공무원 비중의 증가 추세에 관한 연구", 「지방행정」,
　　　Vol.47, No.531, 대한지방행정공제회.

정용준(1994), "우리나라 여성공무원의 현황과 실태",「지방행정」, Vol.7.

조상희(1995), "여성공무원의 사회적 역할과 책임",「지방행정」, Vol.44, No.497.
　　　대한지방행정 공제회.

황인자(1998), "여성들의 평등한 사회적 역할은 21C세기 국가발전의원동력이
　　　다",「지방행정」, Vol.47, No.538, 대한지방행정공제회.

미래인력연구센터(1999),「여성의 일과 삶의 질」, 서울: 생각의 나무.

아마티아 센(1999),「불평등의 제검토」, 이상호 · 이덕재(역), 서울: 한울 아카데
　　　미.

UNDP인간개발보고서(1996), 경제성장과 인간개발, 서울: 한국경제신문사.

4. 외국문헌

Arrow, Kenneth(1973), *"The Theory of Discrimination"*, in Discrimination in
　　　Labor Market, edited by Ashenfelter, A. A. & A. Rees, N.J.: Prince-
　　　ton Univ. Press.

Aberbach, J., Putnam, R. & Rockman, A.(1981), *Bureaucrats and Politicians
　　　in Western Democracies*. Harvard University Press.

Bonnie, G. Mani(1999), Challenges and Opportunities for Women to Advance in
　　　the Federal Civil Service: Veterans' Preference and Promotions, *Public
　　　Administration Review*, Vol.59, No.6.

Bradford, F. Mills(1997), Gender and Job Search in Developing Country Labor
　　　Markets, *Industrial Relations*, Vol.36, No.1.

Broverman, I. K. et. al.,(1972), "Sex Role Stereotypes: A Current Appraisal",
　　　Journal of Social Issues, 28(2).

Jackson, Cecile(1996), Gender and Participation at a Project Interface, *Public*

Administration and Development, Vol.16.

Christine, L. Williams(1995), *Still a Man's World: Men Who Do Women's Work,* Univ. of California Press.

Deborah, M. Figart(1997), Gender as More Than a Dummy Variable: Feminist Approaches to Discrimination, *Review of Social Economy* Vol.LV. No.1.

Dubois, Ellen C. et. al.,(1987), *"Feminist Scholarship: Kindling In the Groves of Academe",* Chicago: Univ. Illinois Press.

Gray, N. Powell(1994), *Gender and Diversity in the Workplace: Learning Activities and Exercise,* Thousand Oaks, CA: SAGE Publications.

Gwendolyn L. Gerber(1996), Status in Same—Gender and Mixed—Gender Police Dyads: Effects on Personality Attributions, *Social Psychology Quarterly,* Vol.59, No.4.

Haim Ofek & Yesook Merrill(1977), Labor Immobility and the Formation of Gender Wage Gaps in Local Markets, *Economic Inquiry* Vol.35, No.1.

Hansen, P.(1974), "Sex Differences in Supervision", Paper, *American Psychology Association,* New Orleans.

Ha, Tae—Kwon(1988), *Test of Three Selection Models: The Case of the Korean Senior Civil Service,* University Of Georgia, Unpublished DPA Dissertation.

Kranz, H.(1974), Are Merit and Equity Compatible? *Public Administration Review,* Vol.34.

Kranz, H(1976), *The Participatory Bureaucracy: Women and Minorities in a more Representative Public Service.* Lexington, MA: Lexington Books.

Marianne, H. Marchand(1996), Reconcepualising 'Gender and Development' in an Era of 'Globalisation', *Millennium,* Vol.25, No.3.

Mary, Hale(1999), He Says, She Says: Gender and Worklife, *Public Administration Review,* Vol.59, No.5.

Meier, K. J. & Nigro, L. G.(1976), Representative Bureaucracy and Policy Preference: A Study of the Attitudes of Federal Executive. *Public Administration Review,* Vol.36.

Milton J. Esman(1999), Public Administration and Conflict Management in

Plural Societies: the Case for Representative Bureaucracy, *Public Administration and Development,* Vol.19.

Mosher, F. C.(1968), *Democracy in the Public Service.* New York: Oxford University Press.

Mosher, F(1982), *Democracy in the Public Service,* 2nd ed. New York: Oxford University Press.

Nigro, F. A. & Nigro, L. G.(1981), *The New Public Administration,* Second Edition, F. E. Peacock Publishers, Inc.

Paul, Skidmore(1997), Sex, Gender and Comparators in Employment Discrimination, *Industrial Law Journal,* Vol.26 No.1.

Peters, B.(1984), The Politics of Bureaucracy: A Comparative Perspective, New York: Longman.

Rehfuss, John A.(1986), A Representative Bureaucracy?: Women and Minority Executives in California Career Service, *Public Administration Review,* September / October, 1986.

Romzek, B. S. & Hendricks, Stephen(1982), Organizational Involvement and Representative Bureaucracy: Can We have It Both Ways, *American Journal of Sociology.* Vol.83, No.1.

Rosenbaum, James E.(1979), Tournanent Mobility: Career Patterns in a Corporation. *Administrative Science Quarterly.* Vol.24.

Rosenbaum, (1985), Organizational Career Mobility: Promotion chances in a Corporation during Periods of Growth and Contraction. *American Journal of Sociology.* Vol.85. No.1.

Samuel Krislov.(1967), *The Negro in Federal Employment: The Quest for Equal Opportunity.* Minneapolis: University of Minnesota Press.

Sue Ledwith & Colgan, Fiona(1996), *Women in Organizations: Challenging Gender Politics,* London: Macmillan Press.

Tarlor, M. S. & Ilgen, D. R.(1979), Employees' reactions to Male and Female Managers: Is there Difference?, Paper, *Academy of Management,* Atlanta, GA.

UNDP(1998), Human Development Report.

Van Riper, Paul P.(1958), *History of the U.S. Civil Service*. New York, N.Y.: Harper and Row.

▌[부 록] 설문지

☞ 관리직 여성공무원의 대표성이란 5급 이상 전체 공무원 수에
대한 여성공무원 수를 말한다.

1. 귀하께서는 현재의 관리직 여성공무원(5급 이상)의 대표성이 어
   느 정도라고 생각하십니까?

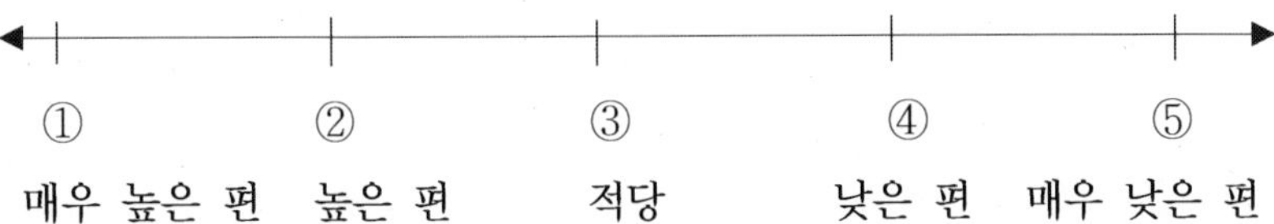

2. 귀하께서는 앞으로 관리직 여성공무원(5급 이상)의 대표성이 어
   느 정도 되어야 한다고 생각하십니까?

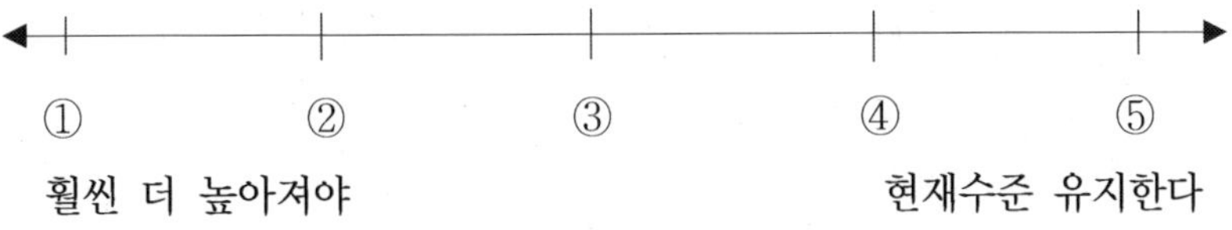

3. 귀하의 첫 발령기관 결정에 있어서 가장 많은 영향을 미친 요인
   은 다음 중 무엇이라고 생각하십니까? (기타는 내용을 구체적으
   로 적어 주십시오)
   ① 시험성적 또는 교육훈련점수
   ② 성별(남녀의 구분)
   ③ 임용기관의 요구
   ④ 부서의 T.O.
   ⑤ 본인의 희망

⑥ 기타 (   )

4. 귀하의 첫 보직배치에 있어서 가장 영향을 미친 요인은 다음 중 무엇이라 생각하십니까? (기타는 내용을 구체적으로 적어 주십시오)

① 시험성적 또는 교육훈련점수

② 성별(남녀의 구분)

③ 인시권자의 의지

④ 부서의 T.O.

⑤ 직무의 성격

⑥ 기타 (   )

5. 귀하의 현재 업무는 업무의 중요도나 승진기회가 높은 일이라고 생각하십니까?

① 매우 그렇다

② 그런 편이다

③ 그저 그렇다

④ 그렇지 않은 편이다

⑤ 매우 그렇지 않다

6. 귀하께서는 군가산점제도에 대해 어떻게 생각하십니까?

① 적극 찬성

② 찬성하는 편

③ 보통

④ 반대하는 편

⑤ 적극 반대

7. 귀하께서는 군가산점제도가 여성공무원의 공직임용에 어떤 영향
   을 미친다고 생각하십니까?

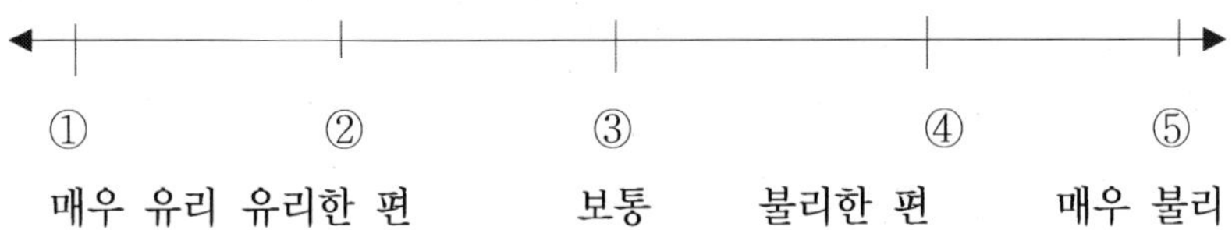

8. 귀하께서는 여성채용목표제에 대해 어떻게 생각하십니까?
   ① 적극 찬성
   ② 찬성하는 편
   ③ 보통
   ④ 반대하는 편
   ⑤ 적극 반대

9. 귀하께서는 여성채용목표제가 여성공무원의 채용에 어느 정도
   영향을 미친다고 생각하십니까?

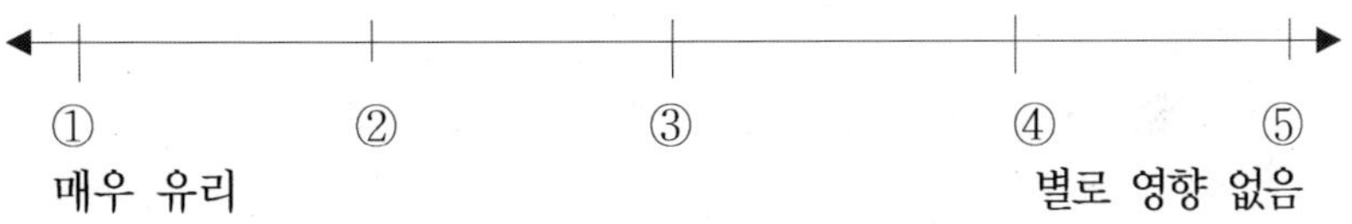

10. 귀하께서는 현재까지 여성공무원에 대한 근무성적평가가 어느
    정도 공정하게 이루어져 왔다고 생각하십니까?
    ① 매우 공정하게 이루어져 왔다
    ② 공정하게 이루어져 온 편이다
    ③ 잘 모르겠다
    ④ 공정하게 이루어지지 않은 편이다
    ⑤ 전혀 공정하게 이루어지지 않았다

11. 귀하께서는 현재까지 여성공무원에 대한 보직배치가 어느 정도 공정하게 이루어져 왔다고 생각하십니까?
   ① 매우 공정하게 이루어져 왔다
   ② 공정하게 이루어져 온 편이다
   ③ 잘 모르겠다
   ④ 공정하게 이루어지지 않은 편이다
   ⑤ 전혀 공정하게 이루어지지 않았다

12. 귀하께서는 현재까지 여성공무원에 대한 교육훈련 기회가 어느 정도 공정하게 주어져 왔다고 생각하십니까?
   ① 매우 공정하게 주어져 왔다
   ② 공정하게 주어져 온 편이다
   ③ 잘 모르겠다
   ④ 공정하게 주어지지 않은 편이다
   ⑤ 전혀 공정하게 주어지지 않았다

13. "여자가 직장을 다니더라도 집안일과 자녀양육에 대해 전적으로 책임을 져야 한다"라는 주장에 대해 어떻게 생각하십니까?
   ① 강한 긍정
   ② 약한 긍정
   ③ 보통
   ④ 약한 부정
   ⑤ 강한 부정

14. "아내의 취업 여부와 상관없이 가족부양을 위한 경제적 책임은
    남편에게 있다"라는 주장에 대해 어떻게 생각하십니까?

    ① 강한 긍정
    ② 약한 긍정
    ③ 보통
    ④ 약한 부정
    ⑤ 강한 부정

15. "자격이 비슷한 남녀 중 한 명만 채용해야 한다면 남자가 채용
    되어야 한다"라는 주장에 대해 어떻게 생각하십니까?
    ① 강한 긍정
    ② 약한 긍정
    ③ 보통
    ④ 약한 부정
    ⑤ 강한 부정

16. 귀하께서는 능력이 비슷하다면 남녀 부하직원 중 누구에게 업
    무를 맡기겠습니까?
    ① 무조건 남자에게 맡긴다
    ② 남자에게 맡기는 것이 낫다
    ③ 성별에 상관없다
    ④ 여자에게 맡기는 것이 낫다
    ⑤ 무조건 여자에게 맡긴다

17. 귀하께서는 일반적인 남녀의 업무수행 능력에 대해 어떻게 생
    각하십니까?
    ① 남자가 훨씬 우수
    ② 남자가 나은 편
    ③ 비슷
    ④ 여자가 나은 편
    ⑤ 여자가 훨씬 우수

18. 만약 업무수행 능력에 있어 남녀 간에 차이가 있다고 생각하신다면, 그 이유를
    아래에서 중요한 순서대로 세 가지만 골라주십시오.

① 성실성 ② 융통성 ③ 책임감	남성이 나은 점	여성이 나은 점
④ 추진력 ⑤ 창의성 ⑥ 사회성	1)	1)
⑦ 위기대처능력 ⑧ 청렴성	2)	2)
⑨ 정확성	3)	3)

19. 귀하께서는 남자가 아닌 여자상관을 모시는 데 대해 어떻게 생
    각하십니까?
    ① 훨씬 불편하다
    ② 불편한 편이다
    ③ 비슷하다
    ④ 편한 편이다
    ⑤ 훨씬 편하다

20. 귀하께서는 남자가 아닌 여자동료에 대해 어떻게 생각하십니까?
    ① 훨씬 불편하다
    ② 불편한 편이다
    ③ 비슷하다

④ 편한 편이다

⑤ 훨씬 편하다

21. 귀하께서는 남자가 아닌 여자부하에 대해 어떻게 생각하십니까?

① 훨씬 불편하다

② 불편한 편이다

③ 비슷하다

④ 편한 편이다

⑤ 훨씬 편하다

22. 귀하께서 현재 맡고 있는 업무는 남녀 중 누구에게 더 적합하다고 생각하십니까?

① 남성에게 훨씬 더 적합하다

② 남성에게 적합한 편이다

③ 비슷하다

④ 여성에게 적합한 편이다

⑤ 여성에게 훨씬 더 적합하다

23. 귀하께서는 현재 맡고 있는 업무에 대해 만족하고 계십니까?

① 매우 만족

② 조금 만족

③ 보통

④ 불만

⑤ 매우 불만

24. 귀하께서는 기회가 주어진다면 지금 맡고 있는 것과는 다른 업
   무를 맡고 싶으십니까?
   ① 매우 그렇다
   ② 그런 편이다
   ③ 그저 그렇다
   ④ 그렇지 않은 편이다
   ⑤ 전혀 그렇지 않다

25. 여성채용목표제의 비율은 어느 정도가 적당하다고 생각하십니까?
   ① 10% 미만
   ② 10-19%
   ③ 20-29%
   ④ 30-39%
   ⑤ 기타 (   )%

26. 귀하께서는 앞으로 몇 급까지 승진할 수 있으리라 생각하십니까?
   ① 1급
   ② 2급
   ③ 3급
   ④ 4급
   ⑤ 5급
   ⑥ 6급
   ⑦ 7급

27. 귀하께서 앞으로 승진할 가능성은 어느 정도라고 생각하십니까?
    ① 매우 높다
    ② 다소 높은 편이다
    ③ 그저 그렇다
    ④ 다소 낮은 편이다
    ⑤ 매우 낮다

28. 공무원의 승진에 있어서 여성할당제가 필요하다고 생각하십니까?
    ① 반드시 필요
    ② 대체로 필요
    ③ 그저 그렇다
    ④ 다소 불필요
    ⑤ 매우 불필요

1. 귀하의 성별은 무엇입니까?
① 남자　　　　② 여자

2. 귀하의 최종 학력은 무엇입니까?
① 고졸 이하　　② 전문대졸　　③ 대학졸　　④ 대학원졸 이상

3. 귀하의 연령은?
① 30세 미만　　② 30−39세　　③ 40−49세　　④ 50세 이상

4. 귀하의 근무처는? (　　　　　　)부처　(　　　　　)부서

5. 귀하가 현재까지 공무원으로 근무한 총 기간은 얼마입니까?
① 5년 이하　　② 6−10년　　③ 11−15년　　④ 16−20년
⑤ 21년 이상

6. 귀하의 현 직급은 몇 급입니까?
① 7급　　　　② 6급　　　　③ 5급　　　　④ 4급
⑤ 3급　　　　⑥ 2급　　　　⑦ 1급

• 저자 •

문미경 　**•약 력•**
행정학 박사/ 서울시립대학교 대학원
행정학 석사/ 고려대학교 대학원

2002.3~현재　　한국여성개발원 연구위원
2005~2007.5　　정부혁신지방분권위원회 혁신분권평가전문위원회 평가위원
2005.1~2005.12 국무조정실 갈등관리혁신포럼 전문위원
2005~2006.12　특허청 자체평가 평가위원
2005~현재　　　행정자치부 지방자치단체 합동평가위원
2006.1~현재　　교육인적자원부, 행정자치부, 중앙인사위원회
　　　　　　　　the best HRD 인증기관 심의위원
2008~현재　　　방위산업청 자체평가위원
2000.3~현재　　서울시립대, 단국대, 경기대, 국민대 시간강사

정부를 움직이는 여성의 힘, 왜 적은가

• 초판 인쇄　2008년 11월 7일
• 초판 발행　2008년 11월 7일

• 지 은 이　문미경
• 펴 낸 이　채종준
• 펴 낸 곳　한국학술정보㈜
　　　　　　경기도 파주시 교하읍 문발리 513-5
　　　　　　파주출판문화정보산업단지
　　　　　　전화　031) 908-3181(대표) · 팩스　031) 908-3160
　　　　　　홈페이지　http://www.kstudy.com
　　　　　　e-mail(출판사업부)　publish@kstudy.com
• 등　　록　제일산-115호(2000. 6. 19)
• 가　　격　18,000

ISBN　　978-89-534-4389-1 93350(Paper Book)
　　　　　978-89-534-4390-7 98350(e-Book)